AF313188

LA

LIBERTÉ DE LA PRESSE

DEVANT LA CHAMBRE DES DÉPUTÉS

———

RAPPORT DE M. LISBONNE, DÉPUTÉ

FAIT AU NOM DE LA COMMISSION

CHARGÉE D'EXAMINER DIVERSES PROPOSITIONS RELATIVES A LA LIBERTÉ DE LA PRESSE

ET SUIVI DU

TEXTE DU PROJET DE LOI

———

PARIS

LIBRAIRIE DES PUBLICATIONS LÉGISLATIVES

A. WITTERSHEIM & Cie, QUAI VOLTAIRE, 31

——

1880

RAPPORT

FAIT

Au nom de la Commission de la Chambre des Députés (1), chargée d'examiner les diverses propositions de lois relatives à la Liberté de la Presse,

PAR M. LISBONNE, DÉPUTÉ

ORIGINE DU PROJET DE LOI

Considérations générales

I

En 1876, l'honorable M. Naquet présenta une proposition, composée d'un seul article, abrogeant toutes les lois, tous les décrets, tous les règlements qui restreignent et règlementent la liberté de la presse.

La Chambre repoussa la prise en considération (2).

Mais, sur la proposition de M. Lisbonne et le rapport de l'honorable M. Spuller, la Chambre décida qu'il y avait lieu de réviser, dans un sens libéral, et de codifier les divers éléments dont se compose cette partie si confuse de notre législation.

La Chambre nomma une commission de vingt-deux membres dont l'honorable M. Albert Grévy fut élu président.

Cette commission se mit à l'œuvre. Nous lui devons un groupe de rapports qui ont pour objet la revue juridique et critique des textes encore en vigueur, dans ce dédale, ce fouillis de dispositions qui s'abrogent ou se maintiennent successivement, sans dédaigner parfois de se contredire.

Cette étude rétrospective avait été confiée, par périodes distinctes, à MM. Gatineau, Spuller, Martin-Feuillée, Sallard et Lisbonne, dont les travaux vous ont été récemment distribués.

La commission de 1876 se rendit compte, dès le début, des difficultés de sa tâche ; elle aborda certaines questions relatives à la presse périodique et elle résolut, entre autres, la question du cautionnement des journaux. Elle pressentait si bien qu'à raison du long délai que nécessitait son entreprise, elle aurait souvent à compter avec l'impatience de la Chambre, qu'elle se prêta aux exigences de l'initiative parlementaire. Elle consentit à se laisser devancer et à détacher d'urgence certaines parties de l'œuvre générale qu'elle avait à accomplir.

C'est ainsi que nos prédécesseurs votèrent, sur la proposition de M. Madier de Montjau, l'abrogation du décret du 17 février 1852, si digne de son voisinage avec le 2 décembre 1851, et, sur

---

(1) Cette Commission est composée de M. Emile de Girardin, *président* ; Lisbonne, *vice-président et rapporteur* ; Lelièvre, *secrétaire* ; Léon Renault, Maunoury, Versigny, Noirot, Hérisson, Le Vavasseur, Seignobos, Papon, Germain Casse, Buyat, Beaussire, Ninard, Agniel, Thomson, Sallard, Noël-Parfait, Tallon, Bouchet.

(2) M. Lisbonne, *rapporteur.*

l'initiative de M. Cuneo d'Ornano, après un éloquent discours de M. Albert Grévy, l'abrogation du titre II de la loi du 29 décembre 1875.

La dissolution, qui vint frapper, en l'honorant, la Chambre de 1876, prorogea la dernière heure du décret du 17 février 1852 et de la loi du 29 décembre 1875, qui nous régit encore aujourd'hui, bien qu'elle ait été qualifiée de provisoire.

II

Le 5 novembre 1878, M. Naquet déposa sur le bureau de la Chambre une nouvelle proposition : c'est celle qui nous saisit en ce moment.

Notre honorable collègue n'a pas repris sa proposition primitive ; se bornant à cet égard à de simples réserves, il s'est contenté de demander l'abrogation d'un certain nombre de dispositions législatives qui lui ont paru restreindre plus particulièrement et plus tyranniquement la liberté de la presse.

C'est le jurisconsulte, c'est le légiste plus encore que le philosophe dont le rôle a tenté cette fois notre éminent collègue. Il a mieux aimé faire une loi qu'une thèse.

Votre 8ᵉ commission d'initiative parlementaire fut d'avis de prendre cette proposition en considération et vous adoptâtes, dans la séance du 18 février 1879, les conclusions du rapport de M. Lisbonne, lesquelles sont ainsi conçues :

« Votre 8ᵉ commission d'initiative parlementaire vous propose à l'unanimité de prendre en considération la proposition de l'honorable M. Naquet.

« Et, à raison de la nature complexe de cette même proposition, votre commission exprime l'avis que la commission qui sera chargée de son examen soit composée de vingt-deux membres.

« La Chambre pourra, dans un but de centralisation et d'uniformité, renvoyer à cette commission spéciale les divers projets ou propositions de lois sur la législation relative à la liberté de la presse et de la parole, que pourrait nous soumettre le Gouvernement ou l'initiative de nos collègues. »

Vingt-deux membres furent élus.

Vous caractérisiez, par le nombre des commissaires, la nature même du mandat que vous veniez de leur donner.

Déjà, et avant que M. Naquet eût présenté sa proposition, nos honorables collègues MM. Seignobos et Boissy-d'Anglas en avaient déposé une tendant à l'abrogation de la loi du 29 décembre 1875, proposition qu'avait votée, le 15 mai précédent, la Chambre dissoute.

MM. Cuneo d'Ornano, le baron Eschasseriaux, Robert Mitchell, Ernest Dréolle, et René Eschasseriaux présentèrent également une proposition analogue. Votre commission de vingt-deux membres se trouva, par le fait, saisie de ces trois propositions, dont la dernière, mais beaucoup plus large, était celle de M. Alfred Naquet.

Vous nous avez, depuis lors, renvoyé une quatrième proposition, celle de M. Cuneo d'Ornano, réclamant la juridiction du jury pour le jugement des délits commis par la voie de la presse, et une cinquième, de MM. Noirot, Versigny et Lelièvre, sur les afficheurs et crieurs publics.

MM. Spuller, Sallard, de la Porte et Lesguillon ont fait les rapports sur ces dernières propositions.

L'œuvre de votre commission consistait donc à faire une loi complète, unique, un véritable code se substituant aux bigarrures législatives de cette partie de notre droit public et répondant le plus largement possible à vos intentions républicaines.

Votre commission a résolûment abordé cette entreprise considérable, qu'avant le 4 septembre 1870, aucun Parlement n'avait cru devoir tenter.

Tout aussi libérale, mais plus heureuse que sa devancière de 1876, votre commission vient de l'accomplir.

J'ai l'honneur insigne et périlleux d'être aujourd'hui son rapporteur, à défaut de l'honorable M. Fallières, nommé récemment sous-secrétaire d'État au ministère de l'intérieur. Je lui succède sans avoir la prétention de le remplacer. Il me permettra de consigner ici, que je dois à sa confraternelle obligeance la communication de nombreux documents qu'il avait déjà recueillis.

Votre commission eut d'abord à se prononcer sur une sorte de question préalable que souleva son honorable président, M. Émile de Girardin. Selon lui : « La presse sans l'impunité ce n'est pas la presse libre, c'est la presse tolérée, c'est la presse ayant pour juges l'arbitraire, l'ignorance et l'intolérance, ainsi que, pendant des siècles, ils le furent universellement et souverainement de la magie et de l'hérésie, ainsi qu'ils continuent de l'être dans les pays barbares. »

Il n'admet donc aucune loi limitant et réglementant la pensée parlée, écrite ou imprimée. La conséquence de cette opinion, ce serait l'abrogation, sans aucune exception, de toutes les lois encore existantes.

Les deux seules transitions qu'il admette sont celles-ci :

Obligation imposée, sous peine de saisie, à tout imprimé d'être signé du véritable nom, soit de l'auteur, soit de l'éditeur, soit de l'imprimeur ;

Application aux excès commis par la voie de la parole ou de la presse de l'article 1382 du Code civil : « Tout fait quelconque de l'homme qui cause à autrui un dommage, oblige celui par la faute de qui il est arrivé à le réparer. »

Quoiqu'elle prétendît être le résultat de cinquante années d'expérience, cette opinion, allant jusqu'à fonder l'impunité de la parole et de la presse sur leur impuissance de nuire, est demeurée isolée.

Vous aviez en effet vous-mêmes, Messieurs, résolu la question en sens contraire, d'accord en cela avec vos prédécesseurs de 1876, qui avaient refusé de prendre en considération la première proposition de l'honorable M. Naquet.

Vous aviez, disons-nous, résolu la question.

Effectivement, par la seule nomination d'une commission de vingt-deux membres, vous avez implicitement mais très-nettement décidé qu'il fallait faire une loi.

C'est en ce sens que votre commission s'est prononcée, à la presque unanimité, dans sa séance du 19 février 1879.

Cette loi devait embrasser dans ses dispositions non-seulement la presse périodique, dont se préoccupent exclusivement les adversaires d'une loi spéciale en matière de presse, mais tous les modes de publication, par l'imprimerie, par la librairie, par l'affiche et par la parole.

Cette loi ne devait pas se borner à renvoyer à l'article 1382 du Code civil, en exigeant la signature de l'auteur de l'écrit.

L'article 1382 pose un principe, celui de la responsabilité des fautes : « Tout fait quelconque de l'homme, dit cette disposition, qui cause à autrui un dommage, oblige celui par la faute de qui il est arrivé à le réparer. »

C'est là une règle de droit commun, purement théorique, dont le droit commun lui-même s'est chargé de faire l'application.

Cette application, en quoi consiste-t-elle ?

Elle consiste dans la réparation du préjudice causé.

Or, cette réparation varie selon la nature, selon la gravité du préjudice lui-même.

Elle est civile ou pénale, ou pénale et civile, tout à la fois.

Le Code civil la fait consister en des dommages-intérêts.

Le Code pénal, en des sanctions pécuniaires ou corporelles.

Le Code civil a en vue l'intérêt privé.

Le Code pénal a en vue l'intérêt public, solidaire de l'intérêt privé. (C. pén., art. 84.)

Les deux systèmes de réparation ont pour base, pour raison unique, la responsabilité humaine.

L'article 1382 n'exclut donc pas, il implique au contraire, au point de vue de son application, la nécessité d'une loi.

III

Cette loi, nous vous l'apportons.

C'est une loi d'affranchissement et de liberté.

Si le principe de liberté n'est pas formulé dans une de ces déclarations qui, d'ordinaire, comme dans le projet de M. Naquet, sont placées en tête, comme une sorte de programme que la loi vient ensuite plus ou moins réaliser, ce sont les dispositions pratiques de celle-ci qui tiendront lieu du programme lui-même.

La liberté de la presse, vous la trouverez dans les dispositions qui abrogent comme dans celles qui maintiennent. Les unes et les autres ne seront que l'application la plus libérale possible des règles du droit commun, en ce sens qu'elles ne refuseront au libre arbitre que la faculté de nuire. C'est rendre hommage au principe de liberté que de poser pour limite à la liberté de chacun la liberté d'autrui.

IV

La célèbre Déclaration des droits n'allait pas au delà. Quand fut discutée par l'Assemblée nationale cette charte immortelle, qui brisait avec le passé, avec les ordonnances, avec les édits, tous ces textes d'asservissement intellectuel qui avaient fait dire à Voltaire : « Sans l'agrément du roi vous ne pouvez penser, » le 6ᵉ bureau apporta, à la séance du 24 août 1789, sur la liberté de la presse une rédaction conçue en ces termes : « Art. 19. *La libre communication des pensées étant un droit du citoyen, elle ne doit être restreinte qu'autant qu'elle nuit au droit d'autrui.* »

Telle était la règle, telle était l'exception : le droit d'autrui *restreignant* la liberté.

Cette expression rencontra des résistances énergiques ; cela devait être.

La restriction n'est pas la répression. Elle suppose la possibilité de l'acte qu'elle a en vue, elle le prévient pour ne pas le réprimer, elle usurpe sur la liberté.

La rédaction du 6ᵉ bureau donna lieu à une discussion assez vive à laquelle prirent part le duc de Lévis, le duc de la Rochefoucauld, Rabaut-Saint-Etienne, Barrère de Vieuzac, Robespierre et Mirabeau.

Diverses formules furent proposées :

L'une par le duc de Lévis, l'autre par le duc de la Rochefoucauld, une autre par Target.

La première était ainsi conçue : « Tout homme ayant le libre exercice de sa pensée a le droit de manifester *ses opinions sous la seule condition de ne pas nuire à autrui.* »

La seconde s'exprimait en ces termes : « La libre communication des pensées et des opinions est un des droits les plus précieux à l'homme ; tout citoyen peut donc parler, écrire, imprimer librement, sauf à répondre des abus de cette liberté, dans les cas prévus par la loi. »

La troisième disait : « Tout homme a le droit de manifester ses opinions, par la pensée, la parole et l'impression ; celui qui, usant de ces droits, blesse le droit d'autrui, doit en répondre suivant les formes prescrites par la loi. »

A l'appui de son amendement qui, ainsi que celui présenté par le duc de Lévis, mais plus nettement, substituait la répression de *l'abus* à la restriction de *l'usage*, M. de la Rochefoucauld fit énergiquement valoir les avantages de la presse : « C'est elle, dit-il, qui a détruit le despotisme ; c'est elle qui, précédemment, avait détruit le fanatisme. »

Rabaut-Saint-Étienne s'éleva avec beaucoup de vivacité contre la rédaction du 6ᵉ bureau, critiquant cependant plutôt la forme que le fond : « Placer à côté de la liberté les bornes que l'on voudrait y mettre, ce serait faire une déclaration *des devoirs* au lieu d'une déclaration *des droits.* Si de quelque article rédigé dans le tumulte, il en résultait l'esclavage d'un seul, il en résulterait bientôt l'esclavage de tous ; la servitude est une contagion qui se communique avec rapidité. » L'orateur adhéra à l'amendement du duc de la Rochefoucauld, en y mettant la dernière phrase du duc de Lévis : « .... *Sauf à ne pas nuire,* etc... »

Barrère fut encore plus insistant, tout en adoptant la même conclusion : « Conservez, dit-il, à la Déclaration des droits l'énergie et la pureté qui doivent caractériser le premier acte de la législation ; ne la surchargez pas de ces modifications destructives, de ces idées secondaires qui absorbent le sujet, de ces précautions serviles qui atténuent le droit, de ces prohibitions subtiles qui ne laissent plus de la liberté que le nom. Il est temps d'effacer de la législation française les absurdités qui la déshonorent depuis longtemps. Réprimer ou craindre la liberté de la presse, c'est un vain projet... »

Barrère semblait aller plus loin que l'amendement du duc de Lévis, du duc de la Rochefoucauld et de Target... Il n'en était rien, car il ajoutait : ... « *Réparer les droits d'autrui est la seule modification que la morale des États apporte à la liberté.* Tout homme a le droit de communiquer et de publier ses pensées ; la liberté de la presse, nécessaire à la liberté publique, ne peut être réprimée, *sauf à répondre des abus de cette liberté, dans les cas et suivant les formes déterminées par la loi.* »

Robespierre ne fut pas plus radical : « Vous ne devez pas balancer, dit-il, à déclarer franchement la liberté de la presse. Il n'est jamais permis à des hommes libres de prononcer leurs droits d'une manière ambiguë. *Toute modification doit être renvoyée dans la constitution.* »

C'est à Mirabeau que revint l'honneur de fermer la discussion.

Il demanda à faire un amendement à toutes ces rédactions.

Toutes portent le mot *restreindre*, il proposa d'y mettre *réprimer* : « On vous laisse, dit-il, une écritoire pour écrire une lettre calomnieuse, une presse pour un libelle ; il faut que vous soyez puni quand le délit est consommé, or ceci est *répression* et non *restriction.* C'est le délit que l'on punit et l'on ne doit pas gêner la liberté des hommes *sous le prétexte qu'ils veulent commettre des délits.* »

Mirabeau ne faisait que suivre l'idée qu'il avait déjà développée, avant la discussion en assemblée générale, et qu'il avait formulée en ces termes : « Libre dans ses pensées, et même dans ses manifestations, le citoyen a le droit de les répandre par la parole, par l'écriture, par l'impression sous la réserve expresse de ne pas donner atteinte aux droits d'autrui. »

L'article 19 du projet du 6ᵉ bureau fut rejeté. La rédaction de M. de la Rochefoucauld fut adoptée. (Mavidal et Laurent, *Archives parlementaires*, t. VIII.)

Cette rédaction devint l'article 11 de la Constitution de 1791 ; elle ne faisait que compléter l'article 10.

L'article 10 est ainsi conçu : « Nul ne doit être inquiété pour ses opinions, même religieuses, pourvu que leur manifestation ne trouble pas l'ordre public établi par la loi. »

L'article 11 (rédaction de M. de la Rochefoucauld), voté le 24 août : « La libre communication des pensées et des opinions est un des droits les plus précieux de l'homme ; tout citoyen peut donc parler, écrire, imprimer librement, *sauf à répondre de l'abus de cette liberté dans les cas déterminés par la loi.* »

Cette même Constitution de 1791 considérait comme un droit naturel « la liberté de parler, d'écrire, d'imprimer et publier ses pensées ».

Elle garantissait à tout individu la liberté de parler, d'écrire, d'imprimer et publier ses pensées sans que ses écrits pussent être soumis à aucune censure ni inspection avant leur publication.

« Le pouvoir législatif ne pourra faire aucunes

lois, disait-elle, qui portent atteinte et mettent obstacle à l'exercice de ce droit.

« Mais comme la liberté ne consiste qu'à pouvoir faire tout ce qui ne nuit ni aux droits d'autrui, ni à la sécurité publique, la loi peut établir des peines contre les actes qui, attaquant ou la sécurité publique ou les droits d'autrui, seraient nuisibles à la société. »

La Déclaration des droits de l'an III, qui se substitua à la Constitution éphémère de 1793, posa à la liberté de la presse les mêmes limites que la Constitution de 1791 :

« Nul ne peut être empêché de dire, écrire, imprimer et publier sa pensée. Les écrits ne peuvent être soumis à *aucune censure avant la publication.* » Elle ajoutait : « Nul ne peut être responsable de ce qu'il écrit ou publie que dans les cas prévus par la loi. »

Ces déclarations de principes, dont le projet soumis à vos délibérations n'est que la plus exacte application, ces déclarations n'eurent plus qu'un intérêt traditionnel sous le premier Empire ; elles furent en quelque sorte rajeunies plus tard, sous le Gouvernement provisoire qui précéda Louis XVIII, et elles servirent de texte à l'article 8 de la Charte de 1814 :

« Les Français ont le droit de publier et de faire imprimer leurs pensées, en se conformant aux lois qui doivent réprimer les abus de cette liberté. »

L'expression « prévenir », qui se trouvait dans les rédactions primitives : « *prévenir et réprimer* », fut supprimée sur les observations de Boissy d'Anglas. « Réprimer un abus, dit-il, c'est empêcher qu'il ne se reproduise ; le prévenir, c'est empêcher de le commettre. Or, le moyen d'empêcher, en fait de presse, à moins de rétablir la censure ? Le droit de publier et de faire imprimer ses pensées, dans ce cas, n'existe plus. (1).

L'Empire du lendemain avait mis à profit les leçons de la veille. L'Acte additionnel vint puiser aux sources des Déclarations de 1789 son article 64 :

« Tout citoyen a le droit d'imprimer et de publier ses pensées en *les signant*, sans aucune censure préalable, sauf la responsabilité légale, après la publication, par jugement par jurés, quand même il n'y aurait lieu qu'à l'application d'une peine correctionnelle. »

Nous prenons à tâche, vous le voyez, de ne demander des enseignements qu'aux époques de notre histoire qu'a favorisées le plus largement la liberté, c'est là le meilleur moyen de mettre en pleine lumière le caractère essentiellement libéral du projet que nous avons l'honneur de vous soumettre.

Jusqu'à présent nous n'avons rencontré, à vrai

dire, que des déclarations de principes, des formules *générales* ne se traduisant pas en textes de loi. C'est l'année 1819 qui va nous fournir une législation véritable.

Dans la séance du 29 mars, M. de Serre présenta trois projets de lois sur la répression des crimes et délits commis par la voie de la presse ou tout autre moyen de publication.

Le premier de ces projets contenait les dispositions pénales ;

Le second, la procédure ;

Le troisième était relatif aux journaux et écrits périodiques.

L'un fut voté le 17 mai, les deux autres le 26 mai et le 9 juin 1819.

C'est dans l'exposé des motifs du premier de ces projets que le garde des sceaux d'alors posa des règles, formula des déclarations moins abstraites que celles de la Rochefoucauld, de Barrère et de Mirabeau, et qui peuvent encore aujourd'hui donner satisfaction aux partisans les plus passionnés de la liberté de la presse.

« Le premier projet, disait M. de Serre, repose sur ce principe fort simple ou plutôt sur un fait : c'est que la presse, dont on peut se servir comme d'un instrument pour commettre un crime ou un délit, ne donne lieu cependant à la création ni à la définition d'aucun crime ou délit particulier et nouveau. De même, en effet, que l'invention de la poudre a fourni aux hommes de nouveaux moyens de commettre le meurtre, sans créer pour cela un crime nouveau à inscrire dans les lois pénales, de même l'invention de l'imprimerie n'a rien fait de plus que leur procurer un nouvel instrument de sédition, de diffamation, d'injures et d'autres délits de tous les temps connus et réprimés par les lois. Ce qui rend une action punissable, c'est l'intention de son auteur, et le mal qu'il a fait ou voulu faire à un individu ou à la société ; qu'importe que, pour accomplir cette intention et causer ce mal il ait employé tel ou tel moyen. La prévoyance des lois pénales atteindrait le crime quand même l'instrument mis en usage par le coupable aurait été jusqu'alors complètement ignoré.

« De ce fait, qui est évident par lui-même découle une conséquence également évidente, c'est qu'il n'y a pas lieu à instituer pour la presse une législation pénale distincte. Le Code pénal contient l'énumération et la définition de tous les actes reconnus nuisibles à la société et partant punissables ; que l'un de ces actes ait été commis ou tenté par la voie de la presse, l'auteur doit être puni, à raison du fait ou de la tentative, sans que la nature de l'instrument qu'il a employé soit pour lui ni contre lui, d'aucune considération.

(1, **Hatin**, *Liberté de la presse*, t. I, p. 87.

« En d'autres termes, il n'y a point de délits particuliers de la presse ; mais quiconque fait usage de la presse est responsable, selon la loi commune, de tous les actes auxquels elle peut s'appliquer..... La presse rentre, comme tout autre instrument d'action, dans le droit commun, et en y rentrant, elle n'obtient aucune faveur qui lui soit propre, elle ne rencontre aucune hostilité qui lui soit particulière...

« ... De quoi s'agit-il ? *ajoutait l'exposé des motifs.* Ce n'est plus de dresser l'inventaire de toutes les pensées humaines pour rechercher et déclarer d'avance lesquelles en se manifestant seront déclarées coupables.

« Il s'agit uniquement de recueillir, dans les lois pénales, les actes déjà incriminés auxquels la presse peut servir d'instrument, et d'appliquer à ces actes, lorsqu'ils auront été commis ou tentés par la voie de la presse, la pénalité qui leur convient ; et comme la presse n'est pas le seul instrument par lequel de tels actes puissent avoir lieu, elle ne sera pas même, sous ce point de vue, l'objet d'une législation particulière ; on lui assimilera tous les autres moyens de publication par lesquels un homme peut agir sur l'esprit des hommes, car, ici encore, *c'est dans le fait de la publication et non dans le moyen que réside le délit* (1). »

C'était là un véritable programme de liberté.

Réprimer et *non prévenir.* — Réprimer les actes délictueux en laissant libre carrière aux opinions.

Ce programme allait même au-delà de toutes les doctrines d'alors, en distinguant d'une façon absolue l'opinion de l'action, en innocentant la première et en ne réprimant que la seconde. Benjamin Constant était moins avancé, sous ce rapport, que M. de Serre.

« La manifestation d'une opinion, a dit Benjamin Constant, peut, dans un cas particulier, produire un effet tellement infaillible qu'elle doive être considérée comme une action. Alors si cette action est coupable, la parole doit être punie. Il en est de même des écrits. Les écrits, comme la parole, comme les mouvements les plus simples, peuvent faire partie d'une action. Ils doivent être punis comme partie de cette action, si elle est criminelle (2). »

On le voit, l'exposé des motifs des lois de 1819 n'était pas exempt de radicalisme, seulement il avait le tort grave, signe de l'infirmité des temps, sinon des intentions, de ne pas se renfermer dans les limites qu'il avait posées.

Il en sortait évidemment, quand il édictait l'article 4, les § 3 et 4 de l'article 5, l'article 6, l'article 8 dans la partie qui punit l'outrage à la morale publique ou religieuse.

Ces dispositions ne se rapportent qu'à des délits d'opinion, et c'est vainement qu'on chercherait dans le Code pénal, dans le droit commun, rien qui puisse y être assimilé.

Il en sortait lorsque, confondant la prévention et la répression, il édictait pour la première fois le cautionnement des journaux.

Les auteurs des lois postérieures, nous ne parlons ici que de celles que virent naître les régimes de liberté, obéissant aux mêmes tendances que le législateur de 1819, se laissèrent aller aux mêmes écarts de logique et de raisonnement.

Ils ne résistèrent pas en effet à admettre les délits d'opinion ; aussi ne firent-ils qu'ajouter des textes à la série de ces dispositions, qui, se préoccupant de la manifestation des opinions plutôt que des actes, ne vécurent successivement que de la vie éphémère des gouvernements qu'elles cherchaient à fortifier.

Il en fut ainsi de la loi du 8 octobre 1830, du décret du 11 août 1848 (art. 1er, 3, 4, 7), de la loi du 27 juillet 1849 (art. 3, 6), de la loi du 16 juillet 1850 (art. 3 et 4).

Le dernier décret-loi du 17 février 1852 ne fit grâce ni à la loi de 1850, ni au décret du 11 août 1848, ni à la loi du 8 octobre 1830, ni même à celle du 26 mai 1819, qui, en matière de juridiction, adoptait celle du jury et dérogeait, dans un sens favorable à la presse, aux règles du droit commun en matière de poursuite criminelle ou correctionnelle.

Il fallut qu'un jour l'Empire voulût essayer d'être libéral pour amender son œuvre de 1852.

Cette résolution inattendue donna naissance à la loi du 11 mai 1868. Si ce fut là un effort, il fut singulièrement discret et réservé.

L'article 10, qui maintient la compétence correctionnelle, l'article 11, qui fait un délit de la publication de tout fait de la vie privée quelque insignifiant et inoffensif qu'il puisse être, les articles 12 et 13 surtout, qui édictent la suspension, la suppression même du journal par voie judiciaire, couronnaient dignement l'édifice impérial, dont le décret du 17 février 1852 ne cessait pas d'être la base (1).

Le monument impérial est demeuré presque intact. Il est encore debout, il n'a été l'objet que

---

(1) Mavidal et Laurent, t. XXIII, p. 318.
(2) *Les Constitutions et les Garanties,* ch. VIII.

(1) La statistique a, paraît-il, relevé dans les six premiers mois qui suivirent la promulgation de cette loi à intentions libérales, un total de condamnations qui s'élève à 121,919 francs d'amende et 7 années, 6 mois, 21 jours de prison (Larousse, v° *Presse*).

d'attaques partielles, qu'ont essayées les lois des 15 avril 1871 et 29 décembre 1875.

C'est au projet de loi qu'a délibéré votre commission qu'il était réservé de déblayer le terrain sur lequel le passé a pris à tâche d'accumuler ses œuvres de réaction. Ce projet de loi ne couronne aucun édifice, il en crée un nouveau sur un sol devenu libre.

V

L'œuvre de votre commission est aussi large que la Déclaration du 14 août 1789. Nous n'avons fait qu'appliquer cette Déclaration, que M. Naquet s'est d'ailleurs appropriée dans l'article premier de sa proposition : *La presse et la parole sont libres.*

Nous ne proclamons pas la liberté, nous faisons mieux, nous la réalisons.

En effet, nous ne reproduisons aucune des dispositions préventives qui discréditent les lois actuelles, sans excepter celles de 1819.

Nous ne confondons pas la restriction avec la répression.

« La liberté de la presse, dit Blackstone, consiste à ne pas permettre de restrictions antérieures aux publications et non à les exempter de poursuites criminelles quand la publication a eu lieu. »

La proposition de M. Naquet part du même principe quand elle déclare dans son article premier : « La presse et la parole sont libres, *sauf la répression des crimes, délits et contraventions prévus et punis par la loi.* »

La répression, c'est là ce que le projet se borne à retenir.

La répression a, d'ailleurs, dans le système de votre commission, son objectif et ses limites. Elle ne s'attache qu'aux actes que le rédacteur de l'exposé des motifs de la loi du 17 mai 1819, considérait comme des délits de droit commun.

Ce sont les actes inspirés par l'intention de troubler l'ordre social, c'est-à-dire, de nuire à la sécurité de la collectivité des citoyens, de porter atteinte à l'intérêt privé, actes que le droit commun incrimine, abstraction faite des moyens à l'aide desquels leur auteur a pu les accomplir.

Le projet laisse par conséquent libre carrière aux opinions.

Il ne donne asile, dans ses dispositions nouvelles, à aucun délit de doctrine, de tendances, à aucun délit purement politique.

Le projet réalise ainsi la pensée et les vœux qu'ont de tous temps exprimés les orateurs les plus avancés du parti républicain ou qu'ont formulés, dans leurs déclarations de principes, les Constitutions votées sous l'influence de leur parole et de leur autorité.

Vous n'aurez pour vous convaincre de cette vérité, après avoir pris connaissance de notre projet de loi, qu'à vous souvenir des débats mémorables auxquels donna lieu la discussion de l'article premier de la Constitution du 10 novembre 1848 et du projet présenté par le Gouvernement impérial en février 1870.

C'est la responsabilité des actes que nous avons seule prévue, la responsabilité des actes qui portent *atteinte à la liberté d'autrui et à la sécurité publique* (Constitution du 10 novembre 1848).

« Sans doute, disait Louis Blanc, avant même le 10 novembre, le 7 août 1848, sans doute, il faut des garanties contre les abus possibles de la liberté de la presse; je dirais plus, il semble que les garanties seraient particulièrement nécessaires sous un régime républicain, parce que la République, par sa nature même, tend à donner de plus vives allures à la liberté... Je ne vois vraiment pas d'inconvénients à ce qu'on fasse mettre la signature de l'auteur au bas de l'article qui sera envoyé au procureur de la République, afin que chacun soit admis à répondre de son œuvre, ce qui est juste, ce qui est moral, ce qui est conforme à la dignité de l'homme. »

Nous sommes d'accord avec l'éminent orateur sur le principe de la responsabilité, mais nous n'irons pas aussi loin que lui dans l'application qu'il proposait d'en faire en 1848. Le projet sera moins sévère, il tiendra compte du progrès qu'ont fait depuis lors les mœurs publiques et la pratique de la liberté.

En somme, on a le droit de dire que la presse et la parole sont libres, quand la presse, quand la parole ne sont soumises qu'à la condition de réparer le préjudice causé par l'exercice individuel de la liberté.

VI

Principales divisions du projet.

La loi que nous avons l'honneur de vous proposer est un code complet, qui pourrait avoir pour titre : CODE DES CRIMES ET DÉLITS COMMIS PAR LA VOIE DE LA PRESSE ET DE LA PAROLE.

Elle se compose de cinq chapitres.

Le chapitre Ier est relatif à tout ce qui concerne l'imprimerie et la librairie. Il a quatre articles (3 à 6).

Le chapitre II traite de la presse périodique. Il se subdivise en trois paragraphes.

Le paragraphe premier, sous le titre : *Du droit de publication, de la gérance, de la déclaration et du dépôt au parquet*, définit les formalités qui précèdent l'émission des journaux et écrits périodiques français.

Ce paragraphe a sept articles (7 à 13).

Le paragraphe second règle les rectifications et annonces judiciaires. Il a trois articles (14 à 16).

Le paragraphe troisième et dernier du chapitre II est relatif aux journaux ou écrits périodiques étrangers. Un seul article (17).

Le chapitre III du projet règle l'affichage, le colportage et la vente sur la voie publique de toutes sortes d'écrits. Il se divise en deux paragraphes.

Le paragraphe premier est relatif à l'affichage. Tout est réglé en trois articles (18 à 20).

Le paragraphe second concerne le colportage et la vente sur la voie publique. Il a cinq articles (21 à 25) (1).

Toute cette partie du projet intéresse la période qui précède la publication d'un écrit.

C'est dans cette partie surtout que se réalise l'intention à laquelle votre commission a obéi, de n'admettre aucune mesure préventive de nature à restreindre la liberté.

Les seules formalités qu'elle a prescrites, auxquelles elle n'a d'ailleurs ajouté que des pénalités en rapport avec l'importance qu'elle attachait aux formalités elles-mêmes, n'ont pas pour but de prévenir la possibilité de l'infraction, mais l'impossibilité de l'impunité.

Le chapitre IV du projet de loi est le début des dispositions relatives à la période qui suit la publication, c'est-à-dire à la manifestation de l'acte répréhensible.

C'est dans ce chapitre IV que se trouvent les seuls actes, commis par la voie de la presse ou par tout autre moyen de publication, que le projet considère comme susceptibles d'incrimination.

Il se divise en cinq paragraphes :

Le paragraphe premier traite de la provocation aux crimes et délits. Il a trois articles (26, 27, 28).

Le paragraphe deuxième, qui rappelle les locutions employées par le droit commun en matière criminelle, est relatif aux délits contre la chose publique. Il comprend quatre articles (29 à 32).

Le paragraphe troisième traite des délits contre les personnes publiques et privées. Il a six articles (33 à 38).

Le paragraphe quatrième est relatif aux délits commis envers les chefs d'Etat et diplomates étrangers. Il a deux articles (39 et 40).

Le paragraphe cinquième et dernier du chapitre IV traite des publications interdites et

des immunités de la défense. Il a cinq articles (41 à 44).

Le chapitre V s'occupe des poursuites et de la répression. Il se divise en quatre paragraphes.

Le premier paragraphe détermine les responsabilités ; il indique, avec le plus de clarté possible, quelles sont les personnes que la répression doit atteindre à raison des crimes et délits commis par la voie de la presse. Il a trois articles (45, 46, 47).

Le second paragraphe du chapitre V traite de la juridiction. Il n'a qu'un seul article (48) en trois alinéas, et pour ne rien laisser à l'arbitraire ou à la controverse, ces trois alinéas spécifient, en les désignant explicitement, les délits justiciables du jury, les délits justiciables des tribunaux de police correctionnelle et les contraventions justiciables du juge de simple police.

Un article spécial (49) a pour objet de lier l'action civile à l'action publique dans des cas déterminés.

Le troisième paragraphe de ce chapitre traite de la procédure. Il est divisé en trois parties.

La première organise la procédure devant la cour d'assises. Elle comprend onze articles (50 à 60).

La deuxième règle la procédure devant les tribunaux de police correctionnelle et de simple police. Elle n'a qu'un seul article (61).

La troisième traite des pourvois en cassation. Elle a deux articles (62 et 63).

Le quatrième paragraphe du chapitre V est relatif à la récidive, aux circonstances atténuantes et à la prescription. Il a trois articles (64 à 66).

Le projet débute par deux dispositions préliminaires, dont la première abroge les lois relatives à tous les faits et moyens de publication, et la seconde réserve les dispositions qui s'y rapportent bien aussi, mais qui se trouvent dans des lois communes ou spéciales.

Il se termine par deux dispositions transitoires, conséquences de la loi nouvelle.

Le projet de loi sur lequel vous avez à délibérer ne laisse donc rien dans l'ombre. Vous aurez réalisé, en l'adoptant, ce que les législateurs qui vous ont précédés n'ont pas cru pouvoir aborder.

« Si ce projet de loi, disait l'exposé des motifs du projet du 4 février 1870, relatif au jugement des délits commis par la voie de la presse, si ce projet ne veut rien laisser en dehors, en ce qui concerne le mode d'instruction et du jugement, il n'a pas l'intention de proposer une législation complète sur la presse. Toute législation sur la presse comporte : 1° la loi sur la qualification et la répression des délits ; 2° la loi sur les formes de la poursuite ; 3° la loi sur les conditions de certaines publications. C'est ainsi que l'on a procédé pour les lois de 1819. »

----

(1) C'est la loi votée par la Chambre et par le Sénat.

« Cette loi, disait le rapporteur, complète en elle-même, fait partie d'un ensemble de législation qui aura sans doute besoin d'être revue pour former un Code homogène. »

Ce n'était là, il faut le reconnaître, qu'une insuffisante innovation contre laquelle s'éleva dans un magnifique langage Eugène Pelletan, dans la séance du 7 avril 1870 :

« Pour affranchir la presse, disait l'orateur républicain, suffit-il de changer le juge sans changer en même temps l'ordre des délits que le juge aura à punir ? — Pour moi, les deux questions sont indissolublement liées, et l'on ne peut résoudre l'une sans résoudre l'autre en même temps. Pour peu qu'il y ait dans les lois pénales de la presse, dans ces alluvions successives que tous les Gouvernements ont déposées sur le sol judiciaire comme autant de vestiges de leur colère et de leur impuissance contre la pensée, pour peu, dis-je, qu'il y ait des délits artificiels, des délits imaginaires, pour répéter l'expression de M. le garde des sceaux, qu'importe qu'on les transporte d'une juridiction à une autre, de la police correctionnelle au jury ! Le jury pourra sans doute les acquitter, comme il pourra les condamner; mais ils n'en seront pas moins des délits arbitraires, et vous n'aurez pas détruit une injustice, vous n'aurez fait que la déplacer.

« .... La loi que nous discutons, ajoutait-il, indique de toute nécessité et exige impérieusement une seconde loi, une loi complémentaire qui vienne vous apporter une meilleure classification et une meilleure définition des délits. »

On ne peut trouver un plus éloquent témoignage en faveur de l'œuvre qui vous est soumise, en ce qu'elle a de complet et d'absolument homogène.

VII

Exposé et justification des articles de loi

DISPOSITIONS PRÉLIMINAIRES — (ART. 1, 2.)

Jusqu'à présent toutes les lois relatives à la presse et à la parole, conformément d'ailleurs à un usage plus commode que logique et précis, se sont terminées par une disposition qui réserve, dans les textes antérieurs, ceux qui n'auraient rien de contraire aux nouvelles dispositions.

Cette formule générale, sorte de cliché législatif, est d'ordinaire ainsi conçue :

« Sont abrogées les dispositions des lois antérieures contraires à la présente loi. »

Votre commission n'a pas cru devoir imiter cet exemple.

Par l'article 1er, elle édicte une abrogation in-

tégrale, absolue ; et si elle y fait des exceptions ces exceptions n'ont trait qu'à des dispositions qui sont bien, il est vrai, inhérentes au droit de publication, mais qui se trouvent ou dans le Code pénal ordinaire, ou dans des lois spéciales indépendantes de la législation que vous nous avez donné mandat de réviser et de codifier.

Votre commission a tenu néanmoins à ne rien omettre, à ne rien laisser à l'interprétation de la jurisprudence ou aux disputes de la controverse. Elle a, dans l'article 2 du projet, spécifié, par l'indication des articles mêmes, les dispositions auxquelles nous n'avons pas cru pouvoir toucher.

Pour manifester tout d'abord et avec le plus d'évidence possible le libéralisme du projet, la majorité de votre commission a pensé qu'il était utile de placer en tête la disposition générale d'abrogation, et d'en faire ainsi le premier article de la loi nouvelle.

VIII

CHAPITRE PREMIER — (ART. 3 à 6).

De l'imprimerie et de la librairie.

La première disposition de ce chapitre proclame la liberté de l'imprimerie et de la librairie. Si votre commission a cru devoir formuler ici cette déclaration, c'est en quelque sorte pour protester contre les vexations qu'eut à subir, sous le régime du 16 mai, l'exercice de la profession de libraire.

A cet égard, le projet ne distingue pas entre la librairie permanente et la librairie accidentelle. Il édicte la liberté absolue de la librairie et de l'imprimerie sans aucune espèce de restriction.

« L'imprimerie, disait Pierre Leroux, lors de la discussion de l'article 8 de la Constitution de 1848, l'imprimerie ne peut être soumise à aucun monopole. Le monopole de l'imprimerie est une censure préalable de la plus forte espèce. »

Le projet de loi fait plus ou fait mieux que de déclarer que l'imprimerie et la librairie sont libres; il le prouve, et par les nombreuses dispositions qu'il abroge et par la seule disposition qu'il formule.

Il abroge par son article 1er toutes celles dont se compose la législation actuelle et que l'article 2 ne réserve pas.

Le projet supprime en conséquence la déclaration du 10 mai 1728, l'arrêt du conseil du 10 septembre 1735, le décret du 5 février 1810, titres II et IV ; celui du 5 juillet 1810, celui du 10 novembre 1810, le titre II de la loi du 21 octobre 1814, art. 11, 12, 13, 15 et 16.

Se trouvent encore abrogés l'ordonnance du 24 octobre 1814, rendue en exécution de la loi du 21 octobre, celle du 20 février 1817, celle du 2 janvier 1828 et les deux décrets du 22 mars 1852.

La plupart de ces dispositions avaient été effacées déjà par le décret du Gouvernement de la Défense nationale du 10 septembre 1870, qui rendait la liberté aux professions d'imprimeur et de libraire.

Mais ce décret, tout en proclamant par son article 1er que les professions d'imprimeur et de libraire deviennent libres, les soumet par son article 2 à l'obligation de faire une déclaration au ministère de l'intérieur.

Le décret du 10 septembre 1870 n'a pas trouvé grâce devant la commission, elle l'a compris implicitement dans l'abrogation générale, absolue, qu'édicte l'article 1er du projet de loi.

Des innombrables dispositions relatives à l'imprimerie, elle n'en a retenu que deux.

La première, renouvelée de l'article 3 du décret du 10 septembre 1870, exige seulement que tout imprimé rendu public porte le nom et le domicile de l'imprimeur.

Cette disposition n'a pour but ni pour résultat de restreindre la liberté de l'imprimerie.

Elle ne peut en effet empêcher la perpétration d'un crime ou d'un délit, elle ne fait qu'en assurer, dans la mesure du possible, la responsabilité.

Votre commission n'a d'ailleurs attaché qu'une importance très-secondaire à cette disposition. Répudiant les pénalités antérieures que prononçaient la loi du 21 octobre 1814, art. 13 (10,000 fr. d'amende et 6 mois de prison), la loi du 27 juillet 1849, art. 7 § 1, 2, 3 (100 à 500 fr. supplémentairement à l'article 13 de la loi du 21 octobre 1814), ainsi que l'article 283 du Code pénal (six jours à six mois de prison), votre commission a réduit la pénalité encourue pour contravention à l'article 4, à des peines de simple police.

La seconde disposition, empruntée aux articles 4 et 8 de l'ordonnance du 24 octobre 1814 et à l'article 1er de celle du 9 janvier 1828, n'exige en fait de dépôt, contrairement aux dispositions antérieures, que celui de deux exemplaires, au ministère de l'intérieur pour Paris, à la préfecture pour les chefs-lieux de département, à la sous-préfecture pour les chefs-lieux d'arrondissement, et pour les autres villes à la mairie.

L'intérêt de cette disposition se révèle par la destination des exemplaires déposés.

Ils sont destinés, dit le projet, aux collections nationales; ce qui justifie la pénalité plus sévère de 16 à 300 fr. d'amende édictée par l'article 5.

Il allait de soi que le dépôt, dont le but était ainsi indiqué, ne pouvait s'entendre des bulletins de vote, des circulaires commerciales ou industrielles, ainsi que des ouvrages *de ville* ou *des bilboquets*.

Votre commission a pensé qu'il était utile de s'en expliquer. Elle a pris pour texte de l'exception les décisions de la jurisprudence (notamment Metz, 31 août 1833; C. cass., 5 juillet 1845; circ. min. justice, 1er août 1810.)

L'article 6, qui termine le chapitre 1er, rend applicables les articles 4 et 5 à tous les genres d'impression ou de reproduction destinés à être publiés. Cette disposition générale a paru préférable à une nomenclature. Deux dispositions remplacent donc, dans le projet de loi, les dispositions diverses de douze lois ou ordonnances. Elles font la clarté, en même temps que la liberté.

I X

CHAPITRE II — (ART. 7 à 17).

De la presse périodique.

De tous les temps, le législateur a distingué la presse périodique de la presse ordinaire, les journaux, des écrits en général.

Un journal, à vrai dire, n'a rien de commun avec un livre, ni même avec un écrit.

« Qu'est-ce, en effet, qu'un écrit? Une parole qui dure, a dit Louis Blanc. Les livres la font durer dix ans, vingt ans, un siècle, dix siècles; ils suffisent à l'époque où l'humanité pense lentement et n'a pas besoin de parler vite. Mais quand le cerveau de l'humanité bout, quand le cœur de chacun bat avec violence, quand, sur toutes les lèvres, les passions agitées viennent se traduire en mots brûlants, quand pour tout le monde, pressé de vivre, *aujourd'hui* dévore *hier* et doit être dévoré par *demain*, l'ère des livres est fermée, c'est l'ère des journaux qui s'ouvre (1). »

Le projet de loi ne pouvait confondre ce qui se ressemble si peu !

Le chapitre 1er a traité de l'imprimerie et de la librairie, c'est-à-dire de la presse en général; le chapitre qui suit traite des journaux, c'est-à-dire de la presse périodique en particulier.

Il se divise en trois paragraphes. Le premier est relatif au droit de publication, à la gérance, à la déclaration et au dépôt au parquet. Il règle la période qui précède la publication du journal.

Le second paragraphe organise à nouveau le droit de rectification de la part des personnes

---

(1) *Histoire de la Révolution*, t. III, p. 122.

publiques et le droit de réponse de la part des personnes privées.

Il vulgarise les annonces judiciaires et légales.

Le troisième paragraphe concerne la presse périodique étrangère.

X

§ Ier. — DU DROIT DE PUBLICATION, DE LA GÉRANCE, DE LA DÉCLARATION ET DU DÉPOT AU PARQUET.

Les différentes conditions que les lois antérieures ont imposées à la publication des journaux ou écrits périodiques se divisent, suivant leur nature et leur effet, en deux catégories distinctes.

Les unes ont été créées pour subordonner la liberté de la presse au bon plaisir du Pouvoir et entraver le développement des feuilles publiques.

Les autres n'ont été établies que pour faciliter la surveillance et assurer la répression des délits.

Les premières sont *l'autorisation préalable*, la *censure*, le *timbre* et le *cautionnement*.

Les secondes comprennent la *gérance*, la *déclaration*, le *dépôt au parquet et à la préfecture*, la *signature des articles*.

L'autorisation préalable, qui est l'arme nécessaire des pouvoirs despotiques et discrétionnaires, a été léguée à la Restauration par le premier Empire. Supprimée en 1819, elle reparaît, quelques mois après, dans la loi du 1er avril 1820. Abolie le 23 juillet 1828, nominalement rétablie par les ordonnances de juillet 1830, elle n'est effectivement réintégrée dans notre législation que par le décret dictatorial du 17 février 1852.

Liée au sort de l'Empire autoritaire, elle a définitivement disparu en 1868 (1). Elle n'est plus aujourd'hui qu'un souvenir.

La censure ne serait, elle non plus, qu'un souvenir, si elle n'avait été partiellement maintenue sous un nom d'emprunt, et si l'on n'était pas obligé en 1880, comme en 1822, 1835 et 1852, de soumettre à l'approbation préalable du ministre de l'intérieur à Paris, et des préfets dans les départements, les dessins, gravures, lithographies ou estampes qu'on se propose de publier, d'exposer ou de mettre en vente (2).

Le *timbre* a été supprimé par un décret du 5 septembre 1870 ; mais il a été remplacé par la surtaxe à laquelle la loi du 4 septembre 1871 (art. 7) a cru devoir soumettre le papier employé à l'impression des journaux et autres publications assujetties au cautionnement (1).

Enfin, le *cautionnement*, œuvre du législateur de 1819, qui a disparu quelques semaines en 1848, et quelques mois après le 4 septembre 1870 (2), a été remis en vigueur par la loi du 6 juillet 1871 (art. 3). Depuis lors, sont soumis à ses effets tous les journaux politiques, sans exception, et tous les journaux ou écrits périodiques non politiques, paraissant plus d'une fois par semaine.

Le taux en est fixé de la manière suivante.

Dans le département de la Seine, il est de 24,000 francs, si le journal ou écrit périodique paraît plus de trois fois par semaine, et de 18,000 francs, si la publication n'a lieu que trois fois par semaine au plus.

Dans tous les autres départements, il est de 12,000 francs pour les écrits paraissant plus de trois fois par semaine, si la publication a lieu dans une ville de 50,000 âmes et au dessus, et de 6,000 francs si elle a lieu dans toute autre ville.

Si les écrits paraissent trois fois par semaine seulement ou à des intervalles plus éloignés, il n'est plus que de moitié, et se trouve, par conséquent, porté à 6,000 francs, si la publication a lieu dans une ville de 50,000 âmes et au dessus, et à 3,000 francs si elle a lieu dans toute autre ville.

XI

De ces trois mesures préventives, *l'autorisation pour les dessins et gravures*, la *surtaxe sur le papier* et le *cautionnement*, il en est une, la seconde, dont il nous était impossible de nous occuper. Elle se rattache en effet plutôt à notre législation financière qu'à la législation de la presse, et, à ce point de vue, elle échappait naturellement à notre examen. La commission du budget de 1880 l'avait comprise dans ses projets de dégrèvement : la Chambre a préféré suivre le Gouvernement dans une autre voie, et il ne nous appartient que d'émettre le vœu que, dans un avenir prochain, on puisse renoncer à une surtaxe, qui, malgré les apparences, n'est autre

---

(1) Article 1er de la loi du 11 mai 1868.

(2) La censure des dessins, gravures, lithographies ou estampes, établie primitivement par la loi temporaire du 13 mars 1820, avait été définiti-

vement maintenue et consacrée par l'article 12 de la loi du 25 mars 1822. Abolie par la loi du 2 octobre 1830 (art. 5), elle a été rétablie par l'article 20 de la loi du 9 septembre 1835 ; abolie une seconde fois en 1848, par le décret qui abroge la loi de 1835, elle reparaît dans l'article 22 du décret du 17 février 1852, dont les dispositions sont encore en vigueur.

(1) La surtaxe est de 20 francs par 100 kilos.

(2) Le décret d'abolition est du 10 octobre 1870.

chose que cet impôt du timbre que le décret du 5 septembre 1870 avait frappé comme une des plus sérieuses entraves à la liberté de la presse.

Quant à la *censure*, sous le régime de laquelle vit encore la presse illustrée et qui empêche la libre publication des dessins ou gravures de toutes sortes, comment en justifier légalement le maintien ?

Si toute restriction antérieure à la manifestation de la pensée doit être sévèrement proscrite, si le journaliste n'a plus à soumettre ses articles aux ciseaux de la censure, il n y a que l'arbitraire qui puisse maintenir une différence entre la plume de l'écrivain et le crayon du dessinateur.

Nous avons cru répondre à votre pensée en ne renouvelant aucune des dispositions relatives à cette autorisation, qui se trouve, dès lors, directement atteinte par l'article premier de la loi.

Nous espérons que le *cautionnement* ne trouvera pas plus de faveur auprès de vous que cette mesure vexatoire et surannée.

Quel que soit le caractère qu'on veuille donner au cautionnement, qu'on le considère, ainsi qu'en 1819, comme un véritable cens pécuniaire imposé à l'écrivain, ou qu'il ne soit plus que la simple garantie des condamnations pécuniaires qui peuvent être prononcées contre lui, il n'en constitue pas moins une dérogation absolue aux principes les plus élémentaires du droit commun.

« Le droit commun, disait Benjamin Constant à la Chambre de 1819, veut que celui qui abuse d'un instrument, pour commettre un délit ou un crime, soit puni. Mais le droit commun ne veut pas que celui qui se sert d'un instrument donne caution qu'il n'en abusera pas..... On répond qu'il faut aux citoyens une garantie contre la diffamation et la licence. Mais il faut aux citoyens une garantie contre tous les crimes. Demandez-vous à chacun un cautionnement contre tous les crimes qu'il pourra commettre ?... »

Nous croyons inutile de faire remarquer ce qu'il y a d'étrange à modifier le chiffre de la garantie suivant qu'on écrit à Paris ou en province, et par une subdivision que rien ne justifie, à le subordonner au chiffre de la population de la ville dans laquelle l'écrit périodique est publié.

Le délit change-t-il donc de nature, suivant qu'il est commis dans un lieu ou dans un autre ? Le maximum de l'amende est-il sujet à quelques variations ? Le plus ou moins de solvabilité du délinquant dépend-il de l'importance de la ville où il réside ?

Rien ne peut justifier ces dispositions arbitraires.

Mais ce sont là des considérations de second ordre; ce qu'il importe de dire, c'est que, d'origine essentiellement censitaire, le cautionnement est un non-sens dans un pays de suffrage universel. Qui a le droit de voter doit avoir la liberté d'écrire ainsi que la liberté de parler : aucun obstacle préventif ne doit y être apporté.

Contraire au droit, à la raison, au principe même de nos institutions politiques, ce dernier vestige du régime préventif doit disparaître de notre législation.

Le cautionnement n'existe ni en Belgique, ni en Suisse, ni en Italie, ni en Hollande, ni en Espagne, ni en Bavière, ni en Suède, ni en Norvège, ni en Danemark, etc. (1).

(Larousse, v° *Presse à l'étranger*, p. 107.)

Le cautionnement, que votre commission vous propose de supprimer, n'avait pas été maintenu par la commission de vingt-deux membres nommée en 1876. C'est une des questions que cette commission avait résolues. Elle avait espéré que la Chambre la suivrait dans cette voie; nous ne pouvons avoir moins de confiance que nos devanciers, dans vos libérales résolutions. La raison dominante de toutes ces entraves passées, de toutes ces précautions restrictives ou préventives, qui se trouvent encore dans la loi et qui sont toutes également contraires à la

---

(1) Le cautionnement n'est pas absolument exclu des lois anglaises. On lit dans la monographie de M. Bertrand, *Régime légal de la Presse en Angleterre*, § 51, p. 42. — Acte 60, Georg. III, et 1, Georg. IV, ch. 9. « Quiconque se propose d'imprimer ou de publier, pour être vendue, une publication périodique, un pamphlet ou une feuille quelconque, qui doit contenir des nouvelles publiques, des renseignements, des faits divers (*occurrence*), ou des commentaires et des observations à leur sujet, ou traiter des matières touchant à l'Eglise ou à la politique, doit, sous peine de 20 livres sterling d'amende souscrire une obligation (*recognizance ou bond*), garantie par deux ou trois cautions suffisantes, de 300 livres sterling, si l'impression a lieu à Londres, à Westminster, à Dublin, ou dans un rayon de 20 milles autour de Londres; de 200 livres sterling, si l'impression a lieu dans la province. La somme ainsi promise et cautionnée est affectée au paiement des amendes ou autres pénalités qui pourront être prononcées contre l'imprimeur ou l'éditeur, pour impression ou publication d'un libelle séditieux ou blasphématoire. »

L'acte 11 Georg. IV et 1 Will. IV, ch. 73, augmente le chiffre du cautionnement, qu'il porte à 400 livres sterling pour Londres, à 300 livres sterling pour la province. Il dispose, en outre, que désormais le montant du cautionnement sera affecté, non plus seulement au paiement des amendes prononcées et des pénalités infligées, mais encore à celui des dommages et intérêts et dépens auxquels les éditeurs et les imprimeurs seront condamnés envers des particuliers.

Ces particuliers ne peuvent se faire ainsi payer sur le cautionnement qu'en dernier recours, et après avoir inutilement épuisé toutes les voies d'exécution.

liberté, n'est autre qu'un sentiment de crainte ou de méfiance que le journalisme inspirait aux législateurs qui vous ont précédés.

Le résultat que poursuivait cette législation soupçonneuse, c'est la diminution du nombre des journaux, espérant par là amoindrir leur influence.

Ainsi, à propos de la question du cautionnement que notre projet repousse, Châteaubriand avait écrit : « Quant aux journaux, qui sont l'arme la plus dangereuse, il est d'abord utile d'en diminuer l'abus, en obligeant les propriétaires de feuilles publiques, comme les notaires et autres agents publics, à fournir un cautionnement » (1).

M. Guizot, commissaire du roi, le 9 juin 1819, obéissant à la même préoccupation — diminuer l'abus du journalisme en diminuant le nombre des journaux — disait à propos du cautionnement : « L'objet du cautionnement est *non-seulement de pourvoir au paiement des amendes, mais surtout de ne placer l'influence des journaux qu'entre les mains d'hommes qui donnent à la société quelques gages de leur existence sociale et lui puissent inspirer quelque confiance.* »

D'autres ont dit avec plus de vérité que, s'il y avait à craindre l'influence du journalisme, la pression qu'il peut exercer sur l'opinion publique, ce n'est pas en diminuant le nombre des journaux que l'on atténuerait cette influence ou cette pression, c'est en facilitant le résultat contraire.

Le seul moyen de neutraliser les journaux est de multiplier leur nombre, a dit l'auteur de la *Démocratie en Amérique* (2).

« L'oppression que la presse exerce sur l'esprit public, a dit encore Lamartine, tient à son monopole et non à sa liberté. »

« Donnez à une opinion dominante un journal, disait Louis Blanc, dans la séance du 7 août 1848; que ce journal soit seul et qu'il ait une grande liberté, vous aurez créé la tyrannie la plus formidable qui fut jamais. La décentralisation de la presse, voilà donc la route dans laquelle il faut entrer, le cautionnement nous en éloigne. »

« Moins les journaux sont nombreux, disait à son tour Jules Grévy, lors de la discussion de la loi du 27 juillet 1849, plus ils sont puissants et redoutables.

« ..... Disséminez les forces de la presse, vous affaiblirez sa puissance. Donnez-lui la liberté, vous lui aurez ôté le pouvoir de nuire. »

Vous penserez avec nous, Messieurs, qu'un Gouvernement républicain a tout à gagner, rien à perdre, à ce que la presse soit libre.

XII

En débarrassant la presse périodique des diverses restrictions qui ont trop souvent arrêté son essor, nous n'avons pas cru devoir la soustraire aux obligations de la gérance, de la déclaration et du dépôt au parquet.

Le maintien de la *gérance* ne pouvait donner lieu à de sérieuses difficultés au sein de la commission.

On a bien fait observer qu'il y a quelque inconvénient à faire déterminer d'avance la personne sur laquelle doit peser, en quelque sorte d'office, la responsabilité des délits qui se peuvent commettre à l'aide d'un journal, et l'on s'est demandé si la loi n'avait pas créé une fiction à laquelle il serait sage de renoncer. Mais l'objection ne résiste pas à l'examen.

En matière de presse, quel est l'auteur principal du délit? C'est l'auteur de la publication, l'écrivain n'est que son complice.

S'il s'agit d'un journal, celui qui le publie assume donc la responsabilité de ce qu'il contient.

Or, que demande la loi? Qu'on fasse connaître celui qui assume cette responsabilité. Celui-là, elle l'a primitivement appelé éditeur responsable, plus tard gérant responsable. Elle l'appelle aujourd'hui gérant, qu'importe le nom?

Impose-t-elle le choix de la personne? Non. Elle n'exige que certaines conditions de nationalité, d'âge, de sexe et de capacité civile (1). Sous ces conditions, le gérant peut être ou le propriétaire du journal, ou son directeur politique, ou l'un de ses rédacteurs ou un administrateur de l'entreprise, ou toute autre personne.

Prescrit-elle la durée de la fonction? Non. Le gérant d'aujourd'hui peut n'être pas celui de demain.

Il ne s'agit, en définitive, que d'une simple constatation de fait.

Sans doute, il y a eu et il y aura encore des gérants fictifs. Mais la fiction n'est pas organisée par la loi. Elle est l'œuvre de ceux qui cher-

---

(1) *Monarchie selon la Charte.*
Châteaubriand, qui devançait ainsi en 1816 la loi du 9 juin 1819, dans le sens de la réaction, a dit plus tard : « La liberté de la presse n'est redoutable qu'aux médiocrités et aux mauvaises consciences. L'Etat, si l'on veut, peut être troublé par ce que disent les journaux; mais il ne peut punir pour ce qu'ils ne disent pas ». (*Mémoires d'outre-tombe*).
(2) T. I, p. 12.

(1) Capacité civile et non politique, par dérogation à l'article 1er de la loi du 11 mai 1868.

chent, en la violant, à échapper à ses prescriptions.

Ce qu'a voulu la loi, c'est que le journal se personniflât en quelqu'un.

Le gérant, c'est le répondant auquel on s'adresse tout d'abord, quand un délit est commis ou un préjudice causé. Sa présence empêche les recherches de s'égarer, comme elle prévient les mesures de rigueur, que pourrait, à son défaut, nécessiter la découverte de la vérité.

Telles sont les raisons qui nous ont déterminés à maintenir une institution dont le fonctionnement est facile et régulier, à laquelle tout le monde est habitué, et dont la presse pourrait être la première à regretter la suppression.

Nous ne changeons rien aux conditions actuellement exigées de ceux qui veulent être gérants. Ils doivent être Français, majeurs, avoir la jouissance de leurs droits civils, et n'être privés de leurs droits civiques par aucune condamnation judiciaire.

Il ne nous a pas paru nécessaire de reproduire les dispositions qui interdisent à un membre du Sénat ou de la Chambre des députés, de devenir le gérant responsable d'un journal (1).

La *déclaration*, qui doit précéder la publication de tout écrit périodique, constitue comme l'établissement même de son état civil.

Elle sera faite, non plus comme le prescrit l'article 2 de la loi du 11 mai 1868 à Paris à la préfecture de police, et dans les départements à la préfecture, mais, d'une manière générale et uniforme, au parquet du lieu où se publiera le journal.

Ainsi le comporte le régime dans lequel la presse ne relève que de la loi.

Elle ne devra plus précéder de quinze jours la publication de l'écrit. Tout délai est supprimé, et la publication pourra suivre immédiatement le dépôt de la déclaration, ce qui fait disparaître le caractère préventif de cette formalité.

Que contiendra-t-elle?

1° Le titre du journal et le mode de sa publication, c'est-à-dire l'indication des époques auxquelles il doit paraître;

2° Le nom et la demeure du propriétaire ou des propriétaires, suivant qu'il appartient à un seul ou à plusieurs, étant bien entendu que toutes les formes de société consacrées par le droit civil et le droit commercial continueront à se prêter à la fondation d'un journal, et que les indications à fournir dépendront en ce cas des prescriptions de la loi;

3° Le nom et la demeure du gérant;

4° L'indication de l'imprimerie où il doit être imprimé.

Enfin, cette déclaration sera accompagnée du dépôt des titres de propriété, lorsque celle-ci sera constatée par des actes, et toute mutation dans les conditions ci-dessus devra être déclarée dans les cinq jours qui suivront.

La suppression de tout délai entre le dépôt et la déclaration, a pour effet de soustraire la déclaration à l'examen préalable du parquet. S'il lui était permis d'exiger, à ce moment, la preuve de la sincérité des énonciations qu'elle contient, on comprend à quels abus pourraient conduire son hostilité ou même ses plus honorables scrupules. Le parquet doit la recevoir telle quelle, et il doit se borner à en constater le dépôt par la délivrance d'un simple récépissé.

Tel est le sens de l'article 10, qui prescrit que la déclaration sera faite par écrit et signée par le gérant et le propriétaire fondateur.

Il faut une sanction aux dispositions qui précèdent. Toute infraction sera punie d'une amende unique de 50 à 500 francs, à laquelle seront condamnés solidairement le propriétaire et l'imprimeur, si le journal a été publié sans gérant, ou ces trois personnes ensemble, s'il n'a été satisfait aux prescriptions du § 1er de l'article 8.

Une nouvelle amende de 100 francs, par chaque numéro paru depuis cette première condamnation, sera prononcée contre les mêmes et dans les mêmes conditions, si la publication irrégulière continue.

Il n'y a pas, ce nous semble, à insister sur ces dispositions préliminaires, dont l'application ne saurait susciter ni de graves difficultés, ni de fréquentes poursuites.

Au nombre des infractions se trouvent les fausses déclarations: est-il besoin de l'exprimer textuellement?

Nous nous bornerons enfin à mentionner qu'il n'est en rien dérogé aux règles du droit commun, en ce qui concerne la preuve des infractions, et qu'elle demeure à la charge du ministère public.

Le journal est fondé, il a son gérant, la déclaration est faite, il va paraître : à quelles formalités particulières sera soumise la publication de chacun de ses numéros?

Voici l'état de la législation :

1° Aux termes de l'article 3 de la loi du 16 juillet 1850, les articles doivent être signés par leur auteur.

2° Aux termes de l'article 9 de la loi du 11 mai 1868, qui reproduit en partie les dispositions de l'article 21 du décret du 17 février 1852, il est défendu de publier des articles signés par une personne privée de ses droits civils et politiques, ou à laquelle le territoire de France est interdit.

3° Le gérant est obligé de déposer, au moment

---

(1) Voir articles 9 de la loi du 27 juillet 1849, et 8 de la loi du 11 mai 1868.

de la publication, quatre exemplaires signés de lui, deux à la préfecture et deux au parquet (art. 7 de la loi du 11 mai 1868 maintenu par l'article 6 de la loi du 6 juillet 1871).

4° Enfin, le nom du gérant doit être imprimé au bas de tous les exemplaires (§ 3 de l'art. 8 de la loi du 18 juillet 1828).

De ces quatre formalités, la première n'était que le résultat d'une fausse appréciation de l'un des caractères distinctifs de la presse périodique. En contraignant le journal à cesser d'être l'organe d'un parti pour devenir un recueil d'opinions individuelles, elle a pu lui faire perdre de son autorité, sans lui imposer cette modération et cette réserve, dont il ne faut chercher la garantie que dans le caractère et l'indépendance de l'écrivain. Précaution illusoire, puisque rien n'était plus facile que de cacher, sous une signature d'emprunt, le vrai nom du journaliste. Cette mesure est tombée en désuétude. Notre devoir était tout tracé. En la frappant d'abrogation, nous n'avons fait que consacrer un état de choses, dont personne ne pourrait signaler le péril (1).

Il n'est pas possible de laisser subsister la prescription qui défend de publier des articles signés par les personnes privées de leurs droits civils et politiques, ou auxquelles le territoire de France est interdit. Faite pour des circonstances et des situations qui n'existent plus aujourd'hui, cette disposition, dont l'origine remonte au décret du 17 février 1852 (art. 21), ne saurait se concilier avec le régime de la liberté. Ou l'article est coupable, et alors il faut le poursuivre; ou il est innocent, et alors on ne comprend plus que la signature puisse entraîner une condamnation.

On sait, du reste, avec quelle facilité la loi peut être tournée. Mieux vaut son abrogation que le spectacle répété de son impuissance.

Nous n'exigeons, par les articles 12 et 13 du projet, que le dépôt de deux exemplaires, au lieu de quatre de chaque feuille ou livraison de l'écrit périodique, et l'impression au bas de tous les exemplaires du nom du gérant.

Le dépôt doit être fait par le gérant au parquet du procureur de la République seulement, ou à la mairie dans les villes où il n'y a pas de tribunal de première instance.

Nous dispensons du dépôt à la préfecture

parce que la formalité du dépôt n'a à nos yeux d'autre utilité que de mettre à même le chef du parquet de première instance de vérifier par lui-même si l'écrit déposé renferme rien de délictueux. La préfecture n'a nullement à intervenir; si le projet exige le dépôt à la mairie dans les villes où il n'y a pas de tribunal de première instance, c'est, d'une part, pour faciliter l'accomplissement de la formalité, et, d'autre part, c'est parce que le maire n'est pas seulement fonctionnaire administratif, il est encore officier de police judiciaire (C. instr. crim., art. 9 et 11) (1).

L'impression du nom du gérant au bas de chaque exemplaire, que nous continuons à exiger, n'est qu'une mesure d'ordre, qui, d'ailleurs, est dans l'intérêt du gérant lui-même.

L'obligation du dépôt a pour sanction, d'après l'article 7 de la loi du 6 juillet 1871, une amende de 500 à 2,000 francs et un emprisonnement de six jours à six mois. Le gérant et l'imprimeur sont responsables de l'amende. L'article 12 du projet y substitue la peine de 50 francs d'amende contre le gérant.

L'obligation d'imprimer le nom du gérant au bas de chaque exemplaire a pour sanction, d'après l'article 8 § 3 de la loi du 18 juillet 1828, une amende de 500 francs contre l'imprimeur. L'article 13 du projet y substitue la peine de 100 fr. d'amende contre le gérant seul, qui seul doit veiller à l'accomplissement de la formalité prescrite.

XIII

§ 2. — DES RECTIFICATIONS ET ANNONCES JUDICIAIRES

A. Des rectifications.

Les rectifications que peut provoquer un article de journal tiennent au droit de la défense.

Légitimes en principe, elles ne doivent pas devenir excessives. Votre commission a pris à tâche de les renfermer dans de justes limites.

Nous avons cherché à concilier la liberté de l'assertion et la liberté de la réponse.

Il nous a paru utile de distinguer, par deux dispositions différentes, les rectifications émanées de l'autorité publique et celles émanées des personnes privées. Cette partie du projet de loi devait y gagner en logique et en clarté. C'est ainsi que l'article 11 a pour objet les premières, et l'article 12 les secondes.

---

(1) Votre commission n'a pas cru devoir remplacer la signature de l'auteur au bas de l'article livré au public par la signature au bas de l'article déposé au parquet, précaution que Louis Blanc indiquait lors de la discussion de la loi du 9 août 1848, comme une des garanties qui pouvaient tenir lieu du cautionnement.

(1) Le dépôt à la mairie, là où il n'y a pas de tribunal de première instance, était prescrit par une circulaire ministérielle de l'intérieur, du 9 juin 1868.

Le droit de réponse est inscrit depuis fort longtemps dans la législation relative à la presse périodique.

La multitude des textes qui le régissent sera remplacée par ces deux seules dispositions.

C'est la loi du 9 juin 1819 qui, par son article 8, inaugura le droit à la rectification.

Il n'était attribué qu'au Gouvernement et il ne consistait que dans l'insertion des publications officielles que le Gouvernement adressait au journal. Cette insertion devait avoir lieu le lendemain de l'envoi des pièces, sous la seule condition du paiement des frais d'insertion.

Ce n'était pas encore le droit de réponse ou de rectification.

Mais c'est dans cette disposition que la loi du 25 mars 1822 en a trouvé le principe.

L'article 11 de cette loi a donné à toute personne nommée ou désignée dans un journal ou écrit périodique le droit d'y faire insérer sa réponse dans les trois jours de la réception, ou dans le plus prochain numéro, s'il n'en était pas publié dans ce délai. L'insertion doit être gratuite et la réponse peut avoir le double de la longueur de l'article qui y donne lieu.

Le refus d'insertion encourt une amende de 50 à 500 francs, indépendamment des autres peines et des dommages-intérêts auxquels l'article incriminé peut donner lieu.

C'est la seule innovation de la loi de 1822 qui n'ait pas réagi au détriment de la liberté.

Dès l'an XII, ainsi que le fait remarquer M. Hatin, t. I, p. 578, Dulaure avait réclamé le droit de réponse devant le Conseil des Cinq-Cents.

Dans la séance du 6 prairial, ce député soumit au Conseil une proposition ainsi conçue :

« Tous propriétaires ou rédacteurs de journaux ou d'ouvrages périodiques qui y auraient inséré un article *attentatoire à la réputation* d'un citoyen seront tenus d'y insérer la réponse à cet article dans les cinq jours qui suivront la réception de ladite réponse, sous peine de voir leurs journaux ou ouvrages périodiques supprimés, et d'être en outre condamnés aux frais d'impression et de poste de trois mille exemplaires de la dite réponse. »

Le Conseil des Cinq-Cents n'accepta pas la proposition, par trop exorbitante, du député du Puy-de-Dôme.

Le législateur de 1819 et de 1822 la recueillit en l'amendant.

Elle ne fut plus négligée.

Les lois de septembre 1835 maintinrent cette disposition en la modifiant.

La réponse devait être insérée dans le numéro qui suivrait le jour de sa réception ; elle pou-vait avoir le double de l'article qui y avait donné lieu, seulement l'excédant devait être payé suivant le tarif des annonces judiciaires.

Les lois de septembre subirent le sort que les révolutions réservent aux régimes tyranniques.

Mais le droit de réponse trouva grâce devant le législateur de 1849.

L'article 13 de la loi du 27 juillet vint rajeunir le droit de rectification défini par l'article 11 de la loi du 25 mars 1822. Cette disposition y consacre deux paragraphes.

Le premier, rappelant l'article 8 de la loi du 9 juin 1819, avait trait au droit de réponse de la part des agents de l'autorité publique. Le second, reflet de l'article 11 de la loi du 25 mars 1822, s'occupait des simples particuliers.

Le décret du 17 février 1852 est venu aggraver le premier paragraphe, sans toucher au second.

La loi du 27 juillet 1849 avait dit, au paragraphe premier : « Tout gérant sera tenu d'insérer en tête du journal les documents officiels, relations authentiques, renseignements et rectifications qui lui seront adressés par tout dépositaire de l'autorité publique. La publication devra avoir lieu le lendemain de la réception des pièces, *sous la seule condition du paiement des frais d'insertion*. Toute autre insertion réclamée par le Gouvernement, par l'intermédiaire des préfets, sera faite de la même manière, sous la même condition, dans le numéro qui suivra le jour de la réception des pièces. Les contrevenants seront punis par les tribunaux de police correctionnelle d'une amende de 50 à 500 fr. »

Le décret du 17 février 1852, article 19, a dit : « Tout gérant sera tenu d'insérer en tête du journal les documents officiels, relations authentiques, renseignements, *réponses et rectifications* qui lui seront adressés par un dépositaire de l'autorité publique.

« La publication devra avoir lieu *dans le plus prochain numéro qui paraîtra après le jour de la réception des pièces.*

« *L'insertion sera gratuite.*

« En cas de contravention, les contrevenants seront punis d'une amende de *50 à 1,000 fr.* En outre le journal pourra être suspendu *par voie administrative pendant quinze jours au plus.* »

On sait que, par son article 16, la loi du 11 mai 1868 n'attribue qu'à l'autorité judiciaire le droit de prononcer la suspension du journal.

En dehors de cette dernière disposition, le surplus de l'article 19 du décret du 17 février 1852 est encore debout.

C'est depuis lors que les rectifications adressées par l'autorité publique ont pris le nom de *sous-*

muniqués; il a fallu, à l'abus du droit de répression, une expression nouvelle (1).

La partie conservée de l'article 19 du décret de 1852, et le paragraphe 2 de l'article 13 de la loi du 27 juillet 1849, combiné avec l'article 11 de celle du 25 mars 1822, présentent l'état actuel de la législation sur le droit de rectification de la part de toute personne.

Le paragraphe 2 de l'article 13 de la loi du 27 juillet 1849 est ainsi conçu :

« L'insertion sera gratuite pour les réponses et rectifications prévues par l'article 11 de la loi du 25 mars 1822, lorsqu'elles ne dépasseront pas le double de la longueur des articles qui les auront provoquées. Dans le cas contraire, le prix d'insertion sera dû pour le surplus seulement. »

L'article 11 de la loi du 25 mars 1822 est modifié en ce sens que la longueur de la réponse est illimitée. L'excédant seul doit le prix d'insertion.

Quel est ce prix ? La loi se tait.

Votre commission a maintenu en principe le droit de rectification et de réponse pour toute personne publique ou privée.

Elle l'a fait sans hésitation, parce qu'elle le considère comme un droit naturel.

Les législations les plus libérales l'ont d'ailleurs édicté.

« Toute personne citée dans un journal, soit nominativement, soit indirectement, dit la loi belge, aura le droit d'y faire insérer une réponse pourvu qu'elle n'excède pas *mille lettres d'écriture* ou le *double de l'espace* occupé par l'article qui l'aura provoquée. Cette réponse sera insérée au plus tard le surlendemain du jour où elle aura été déposée au bureau du journal, à peine contre l'auteur de *vingt florins d'amende* POUR CHAQUE JOUR DE RETARD ». (Article 13 du décret du 10 juillet 1831, adopté purement et simplement par le Code pénal de 1867.)

Votre commission, tout en acceptant le principe du droit de réponse, le limite, quand il s'agit des représentants de l'autorité publique, aux rectifications qui ont trait aux actes de la fonction *qui auraient été inexactement rapportés.*

Elle abroge le *comuniqué*, inauguré par l'article 19 du décret du 17 février 1852, en n'auto-

risant le droit de réponse de la part des fonctionnaires publics que lorsqu'il s'agit de faire justice d'une assertion inexacte se rapportant à la fonction.

Elle entend par *fonctionnaire* tout dépositaire de l'autorité publique dans le sens juridique de l'expression. Enfin la réponse, dans l'hypothèse prévue par l'article 14, est gratuite, quelle qu'en soit l'étendue.

Cette disposition est ainsi conçue :

« Le gérant sera tenu d'insérer gratuitement en tête du journal ou écrit périodique toutes les rectifications qui lui seront adressées par un dépositaire de l'autorité publique, au sujet des actes de sa fonction qui auraient été inexactement rapportés par ledit journal ou écrit périodique.

« Ces rectifications devront être insérées dans le plus prochain numéro qui paraîtra après leur réception.

« En cas de contravention, le *gérant* sera puni d'une amende de 100 à 1,000 francs, sans préjudice des autres peines et dommages-intérêts auxquels l'article incriminé pourrait donner lieu. »

L'article 15 est relatif, avons-nous dit, aux rectifications ou réponses réclamées par les simples particuliers.

Il est ainsi conçu : « Le gérant sera tenu d'insérer, *dans les trois jours* de leur réception ou dans le plus prochain numéro, s'il n'en était pas publié avant l'expiration des trois jours, les rectifications de toute personne nommée ou désignée dans le journal ou écrit périodique, sous peine d'une amende de 50 à 500 francs, sans préjudice des autres peines et des dommages-intérêts auxquels l'article incriminé pourrait donner lieu.

« Cette insertion devra être faite à la même place et en les mêmes caractères que l'article qui l'aura provoquée.

« Elle sera gratuite, lorsque les rectifications ne dépasseront pas le double de la longueur dudit article. Si elles le dépassent, le prix d'insertion sera dû pour le surplus seulement. Il sera calculé au prix des annonces judiciaires. »

Votre commission a pensé qu'il y avait lieu de poser des règles différentes quand il s'agit des rectifications réclamées par l'autorité publique et quand il s'agit de celles réclamées par les particuliers ou par les fonctionnaires dont les réclamations n'auraient pas pour objet des actes de leur fonction.

L'intérêt public est plus ou moins engagé dans le premier cas, l'intérêt privé dans le second.

— Insertion gratuite en tête du journal dans le plus prochain numéro qui suit la réception de la réponse à peine de 50 à 1,000 francs d'amende,

---

(1) Le décret du 17 février 1852 avait introduit dans le dictionnaire juridique une autre expression, celle d'*avertissement*. D'après l'article 32, un journal pouvait être suspendu par décision ministérielle, lors même qu'il n'avait été l'objet d'aucune condamnation, après deux avertissements motivés, et pendant un temps qui ne pouvait excéder deux mois; ceci était indépendant de la suppression, que pouvait décréter par mesure de sûreté générale le Président de la République. La loi du 11 mai 1868 a effacé ces dispositions.

quand la rectification émane d'un dépositaire de l'autorité publique.

— Dans les autres cas, insertion gratuite à concurrence du double de la longueur de l'article, avec paiement pour l'excédant, en tête ou non en tête du journal, mais *à la même place et en les mêmes caractères* que l'article objet de la rectification, le tout à peine de 50 à 500 francs d'amende.

Pour ne rien laisser à l'arbitraire, soit des journaux, soit des magistrats, nous avons arrêté que le prix de l'insertion dans le cas prévu par l'article 15 serait celui des annonces judiciaires.

C'est une faveur que nous avons cru devoir donner à quiconque se trouve obligé de rectifier, de répondre ou de répliquer ; car il va de soi que le droit de se défendre persiste tant que dure la provocation.

B. *Des annonces judiciaires.*

Le décret du 17 février 1852, qui semble avoir revendiqué le monopole des dispositions réactionnaires, ne s'était pas fait scrupule de porter la main sur les annonces judiciaires. Les attribuer exclusivement aux journaux amis du pouvoir, c'était presque ruiner les autres. Double profit pour le despotisme.

L'article 23 de ce décret est ainsi conçu : « Les annonces judiciaires exigées par les lois pour la validité ou la publicité des procédures ou des contrats seront insérées, *à peine de nullité de l'insertion*, dans le journal ou les journaux de l'arrondissement qui seront désignés, chaque année, par le préfet.

« A défaut de journal dans l'arrondissement, le préfet désignera un ou plusieurs journaux du département.

« Le préfet réglera en même temps le tarif de l'impression de ces annonces. »

Il est difficile de rien imaginer de plus hardi dans le genre oppressif.

Décréter, en dehors du pouvoir législatif, une mesure dont l'inobservation doit entraîner la nullité des procédures et des contrats pour la validité desquels certaine publicité est exigée par la loi générale, dépasse les limites les plus extrêmes de l'arbitraire et du bon plaisir.

Le pouvoir impérial se garda bien, même aux jours de ses tardives concessions, de revenir sur cette disposition maîtresse. Il y persista si bien que, lorsque dans le cours de la discussion de la loi du 11 mai 1868 Jules Brame et autres proposèrent de laisser aux parties le choix des journaux pour l'insertion des annonces légales, leur amendement fut repoussé au scrutin public par 186 voix contre 47.

Berryer ne fit pas mieux réussir l'amendement par lequel il attribuait ce choix à l'autorité judiciaire. Le scrutin en fit justice par 126 voix contre 103.

La discussion fut des plus animées, la résistance des orateurs de la majorité, des plus énergiques. Y prirent part les plus dévoués et les plus éloquents d'entre eux: MM. Jolibois, Nogent-Saint-Laurens, Rouher.

L'auteur de la lettre du 19 janvier 1868 ne tenait pas à amender, sur ce point capital, son œuvre personnelle du 17 février 1852.

Il a fallu pour que l'article 23 de ce dernier décret tombât en désuétude, que les préfets nommés à la suite du 4 septembre se soient chargés de l'effacer en abrogeant le monopole et l'inégalité.

Votre commission a suivi cette voie.

L'article 16, qui termine le § 2 du chapitre 11, fait cesser législativement l'inégalité et le monopole.

« Les annonces judiciaires et légales, dit cette disposition, pourront être insérées, au choix des parties, dans l'un des journaux en langue française dans le département. »

L'article ne met à cette règle d'autre restriction que celle qu'exige l'uniformité des procédures intéressées dans la publication.

« Néanmoins, ajoute le projet, toutes les annonces judiciaires relatives à une même procédure de vente seront insérées dans le même journal, à peine de nullité. »

XIV

§ 3. — *Des journaux ou écrits périodiques étrangers.*

Nous rencontrons encore ici le décret du 17 février 1852.

L'auteur du coup d'État, aux prises avec la presse française qu'il était en voie de bâillonner, devait prendre souci de la presse publiée sur le sol étranger que foulaient les proscrits de Décembre.

Conséquent avec l'article 1er, qui soumettait à l'autorisation préalable du Gouvernement tout journal ou écrit périodique traitant de matières politiques ou d'économie sociale, publié en France, l'article 2 du décret décide que : « Les journaux politiques ou d'économie sociale publiés à l'étranger ne pourront circuler qu'en vertu d'une autorisation du Gouvernement. »

La peine, en cas d'infraction, est celle d'un emprisonnement d'un mois à un an et d'une amende de 100 à 5,000 fr. contre les introducteurs ou distributeurs.

C'est là, dans le système du décret, une contravention punissable, abstraction faite de toute intention coupable, ainsi que l'a jugé la Cour de cassation les 15 septembre 1854 et 7 août 1869 (1).

La date de ce dernier arrêt indique à elle seule que la loi, dite libérale, du 11 mai 1868, n'a pas abrogé la disposition de l'article 2 du décret, quoiqu'elle ait abrogé l'article 1er. (Circulaire ministérielle du 7 juin 1868.) Un amendement contraire, présenté par les députés de l'opposition, avait été en effet rejeté.

La République n'a à redouter la liberté où qu'elle existe ni d'où qu'elle vienne.

Votre commission vous propose en conséquence, à l'égard des journaux étrangers, la disposition suivante; elle fait l'objet de l'article 17.

« Art. 17. — Les journaux ou écrits périodiques publiés à l'étranger pourront circuler en France sans autorisation préalable, sauf interdiction spéciale de la part du Gouvernement, qui sera portée à la connaissance du public par arrêt du ministre de l'intérieur, inséré au *Journal officiel*.

« Si leur circulation est interdite par le Gouvernement, ceux qui, au mépris de cette interdiction, les auront mis en vente ou distribués, seront punis d'une amende de 100 à 3,000 francs. »

Autre chose est soumettre la circulation des journaux étrangers à une autorisation préalable et absolue, autre chose est autoriser, en principe, leur circulation, en réservant au Gouvernement la faculté de l'interdire par mesure spéciale, sous sa responsabilité devant l'opinion et les Pouvoirs publics.

XV

CHAPITRE III

DE L'AFFICHAGE, DU COLPORTAGE ET DE LA VENTE
SUR LA VOIE PUBLIQUE

§ 1er. — *De l'affichage* (art. 18 à 20).

De même que les journaux diffèrent essentiellement des écrits en général, de même les affiches diffèrent et des écrits en général et des journaux.

L'affiche est un mode spécial, caractéristique, de la manifestation publique de la pensée.

« La première feuille quotidienne datait de 1777 seulement, dit Louis Blanc. Elle s'était intitulée *Journal de Paris*; et que contenait le numéro d'apparat ? Un article sur l'*Almanach des Muses*, une lettre échappée à Voltaire, une annonce de librairie, l'indication des spectacles, deux faits et un bon mot.

« A cette publicité naïve, la Révolution en substitua une autre, variée et saillante, forte et redoutable comme elle. La pensée voulut éclater en vives figures, elle se peignit de toutes les couleurs du prisme, elle provoqua le regard et le fascina. Ce fut le tour des placards, ce fut le règne des affiches. Une âme fut en quelque sorte soufflée aux édifices, les pierres mêmes se couvrirent d'idées et les murailles parlèrent. »

Les affiches, comme les écrits, comme les journaux, ont donc droit à la liberté! Interrogeons la tradition législative, elle a encore ici son intérêt.

L'affichage a fait l'objet, jusqu'à ce jour, de plusieurs dispositions législatives distinctes.

Le régime qui le concerne, déterminé tout d'abord par le décret du 22 mai 1791, a été successivement modifié par l'arrêté du Gouvernement provisoire du 7-13 avril 1814, et par les lois des 10 décembre 1830 et 16 juillet 1850.

A l'origine l'affichage est libre.

Il n'est soumis qu'à certaines mesures d'ordre et à certaines proscriptions que semblent exiger les nécessités politiques du moment, mais qui n'altèrent en rien le fond même du droit.

« Dans les villes et dans chaque municipalité, porte l'article 12 du décret de 1791, il sera, par les officiers municipaux, désigné des lieux exclusivement destinés à recevoir les affiches des lois et des actes de l'autorité publique. Aucun citoyen ne pourra faire des affiches particulières dans lesdits lieux sous peine d'une amende de 100 livres. »

Les articles 13 et 14 ajoutent :

« Art. 13. — Aucun citoyen et aucune réunion de citoyens ne pourront rien afficher sous le titre d'arrêté, de délibération, ni sous toute autre forme obligatoire ou impérative.

« Art. 14. — Aucune affiche ne pourra être faite sous un nom collectif. Tous les citoyens qui auront coopéré à une affiche seront tenus de la signer. »

Voilà le régime établi par la Constituante.

Une première atteinte lui fut portée par l'arrêté du 13 avril 1814, qui soumit l'affichage, dans Paris, au pouvoir discrétionnaire du préfet de police. « Aucun placard ni affiche ne pourra être annoncé dans les rues ou places publiques sans avoir été préalablement présenté à la préfecture de police, qui donnera le *vu* pour afficher. » (Art. I).

La monarchie de Juillet devait aller plus loin. La loi du 10 décembre 1830 fit une distinction entre les affiches qui ont trait à l'intérêt privé,

---

(1) *Bulletin criminel.*

et celles qui touchent à la politique. En laissant subsister le droit des premières, elle prononça l'interdiction absolue des secondes, à l'exception, toutefois, des actes de l'autorité publique (art. 1).

Cette mesure ne parut pas suffisante pour rassurer le Pouvoir contre les dangers de l'affichage, et l'article 2 de la loi impose à quiconque voudrait exercer, *même temporairement*, la profession d'afficheur l'obligation d'en faire la déclaration préalable devant l'autorité municipale et d'indiquer son domicile.

La loi, disons-nous, ne frappait d'interdiction que les affiches politiques ; mais en restant muette sur l'application des articles 3 et 4 de la loi du 16-24 août 1790 et de l'article 46 de la loi du 19-22 juillet 1791 relatifs à la police des lieux publics, elle laissait aux municipalités le droit de régler le mode et les conditions même de l'affichage permis. Les tribunaux ont reconnu dans quelques circonstances la légalité des arrêtés par lesquels l'autorité municipale avait subordonné à son autorisation et à son visa préalable toutes les affiches non-politiques et interdit l'affichage à toutes personnes autres que les afficheurs commissionnés par elle (1).

Les affiches politiques proscrites, le sort des affiches non-politiques livré à l'arbitraire des municipalités, que restait-il de la liberté fondée par le décret de 1791 ?

Nous vivrions encore sous l'empire de cette législation, si l'établissement du suffrage universel n'avait amené le législateur de 1850 à consacrer le droit d'afficher sans autorisation tous les placards électoraux, et si le progrès des mœurs publiques n'avait aidé à faire le reste. Il y a de longues années déjà que les dispositions prohibitives de la loi de 1830 sont *tombées en désuétude*, et il a fallu que le régime du 16 mai passât sur la France, pour que l'on vît condamner, en septembre 1877, des libraires qui avaient exposé, à l'intérieur des devantures de leurs magasins, des gravures et des écrits politiques.

Votre commission ne pouvait hésiter à vous proposer l'abrogation de dispositions législatives qui n'ont vraiment plus de raison de subsister aujourd'hui. L'expérience n'a-t-elle pas montré leur inutilité et leur danger ? Il y a plus de trente ans qu'en période électorale, c'est-à-dire en pleine effervescence des esprits, les candidats et les électeurs s'adressent à leurs concitoyens par voie d'affiches et de placards, sans que jamais la sécurité de la rue s'en soit trouvée menacée. Pourquoi, dès lors, ne mettrions-nous pas nos lois en harmonie avec l'état de nos mœurs, et ne ferions-nous pas disparaître des règles surannées qu'on s'expose à voir appliquer à des situations pour lesquelles le législateur ne les a pas édictées ?

Désormais, il n'y aura donc aucune différence à faire entre les affiches politiques et celles qui ne le sont pas. Les unes et les autres pourront être affichées sans autorisation de personne, sous la responsabilité de ceux qui en seront les auteurs ou qui les auront placardées, et qui seront poursuivis si les affiches sont criminelles ou délictueuses.

Est-il besoin d'ajouter qu'en déclarant, dans l'article premier, que la matière de l'affichage ne sera soumise qu'aux prescriptions de la présente loi, nous faisons tomber le droit de réglementation que les municipalités avaient cru pouvoir puiser dans les lois de 1790 et de 1791, dont nous avons parlé plus haut ?

Par là tombent aussi et la formalité de la déclaration préalable exigée de ceux qui veulent exercer la profession d'afficheur, mesure incompatible avec le régime que nous établissons, et les prescriptions des articles 13 et 14 du décret du 22 mai 1791, utiles peut-être à l'origine, mais qui sont tombées en désuétude et qu'il n'y a aucun intérêt à faire revivre.

Telles sont les considérations qui ont dicté les articles 18 et 19 du projet.

« Art. 18. — Dans chaque commune le maire désignera par arrêté les lieux exclusivement destinés à recevoir les affiches des lois et autres actes de l'autorité publique.

« Il est interdit d'y placarder des affiches particulières.

« Les affiches des actes émanés de l'autorité seront seules imprimées en blanc. Toutes contraventions aux dispositions du présent article seront punies des peines portées en l'article 4 (1).

« Art. 19. — Les professions de foi, circulaires et affiches électorales pourront être placardées, à l'exception des lieux réservés par l'article précédent, sur tous les édifices publics et particulièrement aux abords de la salle du scrutin. »

C'est la liberté absolue de l'affichage que nous avons voulu adopter. Le projet de loi ne soumet pas même l'afficheur à faire la déclaration qu'exige l'article 2 de la loi du 10 décembre 1830, déclaration qu'admettait la proposition de loi de nos honorables collègues MM. Noirot, Versigny et Lelièvre, et que vous nous avez renvoyée.

---

(1) Cass., 3 janvier et 15 février 1834 ; 12 novembre 1847. — V. Ravelet, *Code manuel de la Presse*, 2ᵉ édition, page 77.

(1) Amende de 5 à 15 francs ou un jour à cinq jours d'emprisonnement ; en cas de récidive dans l'année, la peine d'emprisonnement sera nécessairement prononcée.

L'affiche est par elle-même délictueuse ou elle ne l'est pas.

Si elle ne l'est pas, elle ne peut être privée du droit d'être rendue publique.

Si elle est délictueuse, la répression en fera justice.

Nous avons dû seulement, mais expressément, réserver aux maires le droit de désigner les lieux où pourraient être exclusivement affichés les actes de l'autorité publique. .

Ce droit leur est attribué par des lois organiques qui ont institué les municipalités en France, telles que celles des 19-22 juillet 1791 et 18 juillet 1837; il n'a rien d'ailleurs, d'attentatoire à la liberté pourvu que l'exercice n'en soit pas abusif.

Le projet ne pouvait le contester.

Nous avons cru ne pas devoir nous borner à légiférer ainsi la liberté de l'affichage, nous avons voulu la protéger en protégeant l'affiche elle-même.

C'est l'objet de l'article 20.

« Art. 20. — Ceux qui auront enlevé, déchiré, recouvert ou altéré par un procédé quelconque, de manière à les travestir ou à les rendre illisibles des affiches de l'administration, seront punis d'une amende de 5 à 15 francs.

« Si le fait a été commis par un fonctionnaire ou un agent de l'autorité publique, la peine sera d'une amende de 16 à 100 francs et d'un emprisonnement de six jours à un mois, ou de l'une de ces deux peines seulement.

« Seront punis d'une amende de 5 à 15 francs ceux qui auront enlevé, déchiré, recouvert ou altéré par un procédé quelconque, de manière à les travestir ou à les rendre illisibles, des affiches électorales émanant de simples particuliers, apposées ailleurs que sur les propriétés de ceux qui auront commis cette lacération ou altération.

« La peine sera d'une amende de 16 à 100 francs et d'un emprisonnement de six jours à un mois, ou de l'une de ces deux peines seulement, si le fait a été commis par un fonctionnaire ou un agent de l'autorité publique, à moins que les affiches n'aient été apposées dans des lieux réservés, comme il est dit à l'article 18. »

Les dispositions de cet article 20 ne constituent une innovation ni au point de vue des principes généraux de la responsabilité, ni même au point de vue du droit pénal ordinaire.

Enlever, déchirer ou altérer une affiche, le faire volontairement, dans le but de nuire, c'est commettre un fait préjudiciable à autrui, c'est engager sa responsabilité (C. civ., 1382).

Indépendamment de l'atteinte portée au droit de propriété, du dommage causé à une propriété mobilière, il y a dans le fait d'anéantir une affiche l'intention de compromettre le résultat, souvent très-important, que l'affiche a pour but

d'obtenir ou de réaliser. L'atteinte seule au droit de propriété trouverait par analogie sa sanction dans l'article 479, n° 1, du Code pénal (1 à 15 fr. d'amende).

Le projet de loi ne fait, sous ce rapport, qu'interpréter l'article 479 et le rendre applicable, en principe, au fait d'endommager une affiche régulièrement placardée.

La pénalité prévue par l'article 20 est même inférieure à celle qu'édicte l'article 479, qui ne prononce cependant que des peines de simple police.

Le fait ne devient un délit passible de peines correctionnelles, que lorsqu'il est commis par un fonctionnaire ou un agent de l'autorité publique.

Cette aggravation, prise de la qualité de l'auteur du méfait, a sa raison d'être; elle trouve des analogies dans de nombreuses dispositions du Code pénal, notamment dans les articles 111 et 112, en matière de falsification, soustraction ou altération de bulletins de vote; 145, 146, en matière de faux; 241, en matière de bris de scellés; 255, en matière de violation de dépôt, etc. On pourrait multiplier les exemples où la peine s'aggrave en raison de la responsabilité spéciale de celui qui a charge de surveillance ou d'autorité.

Le projet de loi laisse dans le droit commun les affiches autres que celles de l'administration. Le fait d'y porter dommage ne constitue, aux yeux de votre commission, qu'une faute, un acte répréhensible, mais qui n'excède pas la gravité de ce qu'en droit commun la doctrine et la législation appellent un quasi-délit et que règle l'article 1382 du Code civil.

Il ne pouvait cependant en être ainsi des affiches électorales.

Le fait de les anéantir d'une manière quelconque revêt un caractère particulier de culpabilité. Nous les avons assimilées à celles de l'administration; elles ont en effet un intérêt général de premier ordre, puisqu'elles constituent un des actes par lesquels s'exerce publiquement le suffrage universel.

L'article 20, en assimilant les affiches électorales aux affiches de l'autorité publique, assure aux unes et aux autres la même protection; il édicte une même pénalité, il prévoit les mêmes causes d'aggravation.

Votre commission ne pouvait oublier, à cet égard, les abus auxquels s'étaient livrés les agents dont le régime du 16 mai avait surexcité le zèle. Les affiches électorales étaient classées en deux catégories : faveur spéciale aux unes, guerre aux autres.

L'expérience du despotisme rend ingénieux

l'esprit de liberté. De là l'article 20 du projet qui vous est soumis.

Il est bien entendu que l'infraction prévue par cette disposition n'existe plus si l'affiche, enlevée, déchirée, recouverte ou altérée a fait son temps; c'est-à-dire si l'acte, si l'opération qu'elle a en vue, sont tombés dans le domaine des faits accomplis.

L'intention de l'agent est ici un des éléments essentiels du délit. Le mot *méchamment* avait été introduit dans la rédaction primitive de l'article. La commission ne l'a pas maintenu, mais uniquement parce qu'elle l'a jugé inutile. Il est donc évident que si une affiche n'a plus d'utilité, le fait d'y avoir porté atteinte n'est plus répréhensible. Ceci rentre dans l'appréciation des moyens de défense du prévenu.

Vous remarquerez qu'aucune peine n'est encourue quand la lacération ou l'altération des affiches électorales a été commise par ceux sur la propriété desquels les affiches ont été apposées.

Cette réserve du § 3 de l'article 20 n'est qu'un hommage rendu au droit de propriété lui-même.

§ 2. — *Du colportage et de la vente sur la voie publique* — (art. 21 à 25)

Le colportage et la vente sur la voie publique ont fait déjà l'objet de vos délibérations.

Le 2 mars et le 2 avril de l'année dernière vous avez abrogé l'article 6 de la loi du 27 juillet 1849, et proclamé la liberté du colportage, d'abord pour les journaux et écrits périodiques, ensuite pour les livres, brochures, lithographies et autres genres d'imprimés.

Renvoyées au Sénat, les diverses dispositions que vous aviez séparément adoptées furent l'objet d'un seul et même projet dans lequel elles furent confondues et modifiées en partie.

Saisis par le renvoi qui vous en a été fait, vous les avez votées telles que le Sénat les a adoptées. C'est donc une œuvre accomplie.

Nous ne pouvons que nous en référer aux rapports de MM. Millaud, Pelletan et Paul Legrand, que vous connaissez déjà. Leurs travaux la mettent en lumière.

Des six articles dont se compose la loi votée, le dernier fait double emploi avec le texte de l'article premier de notre projet, en ce sens qu'il déclare abrogés l'article 6 de la loi du 27 juillet 1849, l'article 2 de la loi du 29 décembre 1875 et la loi du 29 mars 1878, toutes dispositions qu'abroge d'une façon générale et absolue notre article premier.

Les autres cinq articles forment les 21, 22, 23, 24 et 25 de la loi nouvelle. (Voir ces articles au texte du projet de loi.)

CHAPITRE IV — DES CRIMES ET DÉLITS COMMIS PAR LA VOIE DE LA PRESSE OU PAR TOUT AUTRE MOYEN DE PUBLICATION. (ART. 26 A 45.)

Nous arrivons à la partie la plus importante du projet de loi soumis à vos délibérations : la qualification des délits.

Quand nous avons, dès le début, cherché à caractériser l'œuvre de votre commission, nous avons affirmé que le projet de loi réalise le programme de la liberté la plus large, en ce sens qu'il ne pose à la liberté d'autre limite que l'interdiction de nuire, qu'il laisse au libre arbitre toute sa latitude, qu'il n'empêche, par aucune mesure restrictive ou préventive, l'acte, même coupable, de s'accomplir, se contentant de le réprimer.

Nous avons affirmé que, par actes coupables, nous n'entendions faire allusion qu'à ceux qu'incrimine le droit commun, ceux qui portent atteinte à l'intérêt public ou à l'intérêt privé.

Nous avons affirmé que le projet ne range dans cette catégorie la manifestation d'aucune opinion, quelle qu'elle soit.

Nous avons dit : plus de délit d'opinion, de doctrine, de tendance.

Les actes seuls seront désormais réprimés, ceux que le droit commun réprouve et condamne.

A. — *Dispositions pénales supprimées*

Le projet supprime en effet, implicitement, par cela seul qu'après avoir tout abrogé par son article 1er, il ne les rétablit pas explicitement par son article 2, les délits ci-après.

1re suppression. — La provocation à la désobéissance aux lois, que prévoit l'article 6 de la loi du 17 mai 1819.

On comprend que la provocation à commettre un crime ou un délit puisse être punie sans que l'expiation porte atteinte au droit d'être libre; la provocation, dans ce cas, est une sorte de participation à l'acte criminel ou délictueux, surtout quand cet acte a été commis. On ne peut en dire autant de la provocation à la désobéissance aux lois.

Désobéir n'est pas un acte, c'est le contraire d'un acte, et d'ailleurs la désobéissance aux lois, blâmable en principe, n'a jamais été considérée en droit général ni comme un crime, ni comme un délit. La provocation à cette désobéissance ne saurait avoir un caractère plus répréhensible que la désobéissance elle-même.

Rien de plus vague, d'ailleurs, que la provocation à la désobéissance aux lois ; où commencera la provocation, où s'arrêteront la discussion, la critique permise d'une loi imparfaite, vicieuse ou tyrannique ?

La Cour de Paris, par son mémorable arrêt du 27 mars 1827 (affaire Isambert), décida que la proclamation du droit de résistance contre des agents de la force publique, dans un journal, si elle a été faite sans intention de provoquer à la rébellion ou à la désobéissance aux lois, ne constitue pas de délit.

Nul ne pourrait nous garantir que cet arrêt fît aujourd'hui jurisprudence !

C'est pourquoi nous n'avons pas maintenu dans le projet l'article 6 de la loi du 17 mai 1819.

2ᵉ suppression. — L'outrage à la morale publique et religieuse (art. 8 de la loi du 17 mai 1819).

3ᵉ suppression. — L'outrage aux religions reconnues par l'Etat (art. 1ᵉʳ de la loi du 25 mars 1822), deux délits qui se confondaient avant que la loi du 25 mars 1822 en eût fait deux dispositions pénales distinctes.

Tout a été dit, et merveilleusement dit, sur ces deux prétendues infractions qui existent encore dans nos lois spéciales.

Délits d'opinion s'il en fut, délits insaisissables au point de vue de l'intention, délits stériles au point de vue de l'effet qu'ils peuvent produire.

Qui n'a conservé le souvenir des plaidoiries de Dupin ainé, défendant Béranger sous la seconde Restauration, des discours de Pelletan et de Jules Simon défendant la liberté de conscience lors de la discussion du projet de loi de 1870, sous le second Empire !

« Si l'on en croit l'accusation, disait Dupin, M. Béranger aurait outragé Dieu lui-même !

« ... C'est une étrange manie que celle des hommes qui prétendent se constituer les vengeurs de la Divinité !

« ... Les anciens, qui n'avaient pas le bonheur de connaitre le vrai Dieu, avaient dans leur philosophie mondaine une maxime plus sage à mon avis. Ils pensaient qu'il faut laisser aux dieux le soin de se venger eux-mêmes : *Deorum injurias diis curæ esse*, maxime que les lois romaines ont adoptée : *Jurisjurandi contempta religio satis deum habet ultorem...*

« ... La morale publique n'est pas la morale particulière de certains hommes, de certaines classes, de certains intérêts ; c'est cette raison supérieure qui nous éclaire sur le juste et sur l'injuste ; c'est cette voix qui n'est que le cri de la bonne conscience ; ces vérités éternelles, immuables, indélébiles que Dieu a gravées dans le cœur de tous les hommes, qui, dans tous les temps, comme dans tous les pays, servent à régler leur conduite et à les diriger vers le bien ;

qui prescrivent la fidélité dans les engagements, le respect de tous les devoirs et constituent, à proprement parler, le droit naturel. »

— « Tout outrage à la morale publique et religieuse sera puni...

« Il y a donc deux morales, disait Pelletan (séance du 6 avril 1870), la morale publique et la morale religieuse.

« Mais si un écrivain vient prendre parti pour la morale publique contre la morale religieuse, — car si elles peuvent concorder, elles peuvent aussi différer, puisque vous les mettez sous deux titres différents, — alors pour laquelle le ministère public prendra-t-il parti ?

« L'hypothèse pourra être une réalité et en sera une nécessairement, surtout quand le *Syllabus* qu'on prépare à Rome sera devenu le dogme de l'Eglise et quand la liberté de conscience sera niée (1). »

— « La liberté de conscience, les temples, les objets du culte, les cérémonies, les ministres des religions sont garantis par des lois existantes, disait à son tour Jules Simon. Que reste-t-il en dehors de cela ? une seule chose, le dogme, la doctrine ; cela n'est en effet garanti que par la loi dont je demande l'abrogation. Eh bien oui, c'est là ma thèse, je demande pour les religions le droit à l'outrage.

« Nous sommes trois qui montons successivement à la tribune, et tous les trois, l'un après l'autre, nous demandons qu'il n'existe plus de délit de la pensée.

« Nous sommes trois ici, mais soyez sûrs que quiconque a réfléchi dans le monde, quiconque a vécu par la force de la raison, quiconque la regarde comme l'unique étoile vers laquelle il doit diriger les mouvements de sa pensée et de sa volonté, est avec nous dans cette revendication ; soyez sûrs que nous sommes suivis, non-seulement en France, mais en Europe, par toutes les universités, par tous les professeurs, par tous ceux qui s'honorent du nom de philosophe, par tous ceux pour lesquels le titre de libre penseur est regardé comme un honneur et comme une gloire. Eh bien, grâce à Dieu, le nombre en est grand (Très-bien ! très-bien !).

« Je sais bien, continuait l'orateur de l'opposition, je sais bien ce que l'on peut répondre à notre revendication : ce n'est pas, dit-on, la discussion qui est défendue et punie par l'article 8 de la loi du 17 mars 1839, c'est l'outrage..... Je me demande qui sera juge entre l'outrage et la discussion, et si j'avais voulu apporter des arrêts, je vous aurais montré une foule de cas où l'on a puni comme outrage ce qui était une discussion, et une discussion sévère et sérieuse.....

---

(1) Mavidal et Laurent, *Annales*, t. XXIII, p. 338.

« Au xviii° siècle, ajoutait Jules Simon, il y avait beaucoup de lois qu'on n'appliquait pas ; *et c'est un grand malheur pour un peuple que d'avoir des lois qu'on n'applique pas.* Il faut peu de lois, il faut qu'elles soient bien faites, et qu'elles soient strictement appliquées. Au xviii° siècle, dis-je, on avait des lois qu'on n'appliquait pas, on avait des pouvoirs qu'on n'exerçait pas. Si la *loi* dont je parle et dont je me plains avait existé au commencement du xviii° siècle, nous y aurions perdu, messieurs, la moitié, oui, la moitié des chefs-d'œuvre de notre littérature : Voltaire tiendrait dans une de mes mains, Rousseau tiendrait dans l'autre ; et l'Encyclopédie, qui a tant de volumes, je pourrais aisément la déposer sur le coin de cette tribune » (1).

— « On n'accusait pas, dans le principe, Paul-Louis Courier, disait son avocat Berville, d'outrage à la morale publique ; d'autres textes avaient été essayés... L'outrage à la morale publique est resté seul parce que le sens de ces termes, fixé à la vérité aux yeux des jurisconsultes, offre pourtant aux personnes qui n'ont pas étudié la législation, une sorte de latitude et d'arbitraire dont l'accusation peut profiter » (2).

Rappelant une circulaire du garde des sceaux de 1870, aux procureurs généraux, circulaire qui les invitait à distinguer les actes des opinions, les orateurs de la minorité avaient beau jeu contre les délits d'outrage à la morale publique et religieuse et contre celui d'outrage aux religions reconnues par l'État.

L'outrage aux religions reconnues par l'État, est-ce un acte, est-ce une opinion ? lui demandait-on. La réponse était difficile. C'était là un de *ces délits d'un vague exceptionnel, absolu, que le garde des sceaux, M. Émile Ollivier, consentait à attribuer au jury, par opposition aux délits qui avaient une précision suffisante* et que l'orateur du Gouvernement réservait à la police correctionnelle (3).

Nous, messieurs, nous n'exceptons de l'abrogation générale qu'édicte notre projet de loi, aucun délit d'opinion, *aucun délit d'un vague exceptionnel.* Il suffit que tel ou tel délit soit vague pour qu'il soit aboli. Nous ne conservons que les délits qui ont un caractère défini, une précision suffisante, ceux qu'incrimine, d'accord avec le droit commun, la conscience universelle.

Il nous a semblé que les temps entrevus par le ministre de 1870, que ces temps-là sont arrivés, « De la difficulté de définir certains délits de presse sont nées deux opinions, disait-il, dans la séance du 7 avril. La première est qu'il faut les supprimer (Oui ! oui ! Très-bien ! à gauche). *C'est ce qui aura lieu avec le progrès du temps et des idées et je désire qu'il puisse en être ainsi le plus tôt possible.* C'est la thèse que j'ai soutenue et dans laquelle je persiste ; mais tant que cette réforme ne sera pas opérée, tant que certains délits de presse existeront, il y a lieu d'établir exceptionnellement la compétence du jury. (1) »

Il n'y a pas de juge possible pour des délits qui résistent à la définition. C'est ce qu'a pensé votre commission. La réforme absolue que nous vous proposons ne pouvait s'adapter à l'Empire, quelque libéral qu'il prétendît être devenu. Elle s'adapte à la République.

4° suppression. — Nous supprimons, fidèles à notre principe, qui est exclusif de tout délit de la pensée, de tout délit de doctrine ou de tendance, nous supprimons les délits d'attaques contre la liberté des cultes, le principe de la propriété et les droits de la famille, délits prévus par l'article 3 du décret du 11 août 1848.

« J'ai toujours regardé la propriété comme une loi de nature et la condition première de la société, » disait Pelletan, dans le cours de cette discussion dont nous rappelions tout à l'heure certains passages et qu'il faut entièrement relire. « La propriété, c'est la providence terrestre du capital qui n'est pour moi que la somme du travail à faire dans le présent, réduite de toute la somme déjà faite dans le passé ; c'est en vérité la rançon de l'intelligence, puissante créatrice de toutes les industries, de toutes les richesses..... Que la propriété vienne à disparaître..... en pensée — oh ! elle ne disparaîtra pas en fait, n'ayez pas d'inquiétude, — que la propriété vienne à disparaître et la civilisation elle-même disparaît du même coup.....; mais enfin le principe de la propriété n'est pas un dogme immuable, probablement, qui soit scellé sous le sceau de l'infaillibilité..... Je pourrais rappeler, par exemple, que l'esclavage a été inscrit parmi les droits de propriété. Le principe de la propriété soulève donc des questions qui tombent comme toutes les autres sous le coup de la controverse. »

Les articles 379 et suivants du Code pénal garantissent, à nos yeux, dans des conditions suffisantes le droit de propriété.

Quant à la liberté des cultes, ses adeptes sont toujours sûrs de la retrouver dans la fermeté de leur foi religieuse.

5° suppression. — Nous supprimons le délit d'attaques à la Constitution, au principe de la souveraineté du peuple et du suffrage universel, délit prévu par l'article premier du décret du 11 août 1848 et premier de la loi du 29 décembre 1875.

---

(1) Séance du 6 avril 1870, *Annales*, t. XXIII, p. 335.
(2) Paul-Louis Courier, procès.
(3) Séance du 7 avril 1870, *Annales*, t. XXIII, p. 354.

(1) Séance du 7 avril 1870, *Annales*, t. XXIII.

La perfectibilité de la Constitution, perfectibilité que suppose le *droit* de révision, rend l'attaque inutile, puisque la discussion suffit. Quant à la souveraineté du peuple et au suffrage universel, ces deux principes sont aujourd'hui tellement enracinés dans les mœurs politiques, tellement immuables, que leur pérennité n'a à redouter ni la discussion ni l'attaque.

Ce seraient là d'ailleurs des délits d'opinion et non pas des actes incriminables rentrant dans les principes généraux du droit commun.

6ᵉ suppression. — Nous supprimons le délit d'excitation à la haine et au mépris du Gouvernement, délit prévu par l'article 4 du décret du 11 août 1848. — Délit d'opinion, délit de tendance, qu'il serait d'autant plus difficile de maintenir que le § 2 de ce même article 4, en réduit tellement l'application que l'hypothèse en devient problématique.

« La présente disposition, dit en effet le § 2, ne peut porter atteinte au droit de discussion et de censure des actes du pouvoir exécutif et des ministres. »

Le décret du 11 août 1848 a emprunté ce délit à la loi du 25 mars 1822.

L'article 4 de cette loi, œuvre de réaction suprême, était plus compréhensible toutefois que la disposition qui s'y est substituée en la modifiant.

« Quiconque, disait la loi de 1822, par l'un des mêmes moyens, aura excité à la haine ou au mépris du Gouvernement *du roi*, sera puni, etc… La présente disposition ne peut pas porter atteinte *au droit de discussion et de censure des actes des ministres.* »

Chose interdite, excitation à la haine ou au mépris du Gouvernement du roi. — Chose permise, discussion et censure des actes des ministres.

La même opposition, et par conséquent la même lueur, nous ne disons pas la même clarté, ne se retrouve pas dans l'article 4 du décret du 11 août 1848, puisque le § 2 autorise la discussion et la censure des actes non-seulement des ministres, mais encore du pouvoir exécutif.

Que reste-t-il, du *Gouvernement*, qui ne puisse être l'objet de l'excitation au mépris ou à la haine ?

Censurer les actes, n'est-ce pas exciter au mépris pour peu que la censure soit vive ou passionnée !

Rien d'indéfini comme ce délit depuis longtemps suranné et que ne veut plus comprendre le jury moderne !

Haïr n'est pas un délit.

Mépriser, encore moins : comment donc l'excitation à l'un ou à l'autre de ces sentiments pourrait-elle être délictueuse ?

« La force du Gouvernement, a dit Boissy d'Anglas, est dans lui-même, dans sa conduite, dans ses principes, et non dans l'opinion mensongère de tels ou tels hommes. »

Le délit d'excitation à la haine ou au mépris du Gouvernement ne devait pas trouver grâce devant votre commission (1).

7ᵉ suppression. — Nous supprimons le délit qui consiste à troubler la paix publique en excitant le mépris ou la haine des citoyens les uns contre les autres, délit prévu par l'article 7 du décret du 11 août 1848.

Ce délit a encore été emprunté à la loi du 25 mars 1822.

Le décret y a fait une variante : l'excitation au mépris et à la haine des citoyens les uns contre les autres a remplacé l'excitation au mépris ou à la haine des citoyens contre une ou plusieurs classes de personnes.

Encore ici, les termes dont se servait la loi de 1822 étaient plus clairs ; la définition avait quelque chose de plus précis, c'est le mépris ou la haine contre *les classes* qu'avait pour objet le législateur.

L'une et l'autre définition sont d'ailleurs exclusives de tout acte matériel, de toute provocation à des actes matériels, criminels ou délictueux.

Nous avons dû supprimer ce nouveau délit, avec d'autant moins d'hésitation que le caractère en est insaisissable. Dans le système de la loi de 1822, comme aussi du décret de 1848, il ne suffit pas, pour qu'il y ait délit, de l'excitation à la haine ou au mépris des citoyens, il faut encore que par cette excitation on ait, non pas nécessairement troublé, mais cherché à troubler la paix publique. Quelle est la conscience que ne troublerait pas l'obligation de se livrer à une aussi délicate appréciation !

Voilà pour quelle raison cette disposition a été d'une application extrêmement rare. Les mœurs publiques font justice de ces excitations, si elles n'y font obstacle.

Ces dispositions législatives n'auraient pas empêché la sédition de juin 1848 contre laquelle le décret du 11 août eut pour objet de réagir.

8ᵉ suppression. — Nous supprimons le délit d'attaques contre le respect dû aux lois et l'inviolabilité des droits qu'elles ont consacrés. Nous supprimons le délit d'apologie de faits

---

(1) Le délit prévu par l'article 4 de notre loi de 1822, dit Chassan, est une nouvelle modification de l'infraction de provocation au renversement du Gouvernement ; mais il faut avouer qu'il est moins caractérisé que quelques-uns de ceux énoncés dans les paragraphes précédents et qu'il pourrait prêter singulièrement à d'arbitraires et funestes interprétations.

qualifiés crimes ou délits par la loi, délits prévus par l'article 3 de la loi du 27 juillet 1849.

Le délit d'attaques contre le respect dû aux lois et l'inviolabilité des droits qu'elles ont consacrés, a plus d'une analogie avec le délit de provocation à la désobéissance aux lois.

Sans doute, ce dernier délit n'avait pas paru suffisant pour calmer les appréhensions du législateur de 1849, puisqu'il crut devoir le doubler du délit d'attaque contre le respect dû aux lois et contre l'inviolabilité des droits qu'elles consacrent.

Le législateur de 1822 avait été moins soupçonneux ou plus rassuré, moins réactionnaire dans tous les cas; votre commission n'a pas pensé que vous seriez moins rassurés, plus soupçonneux, ou plus réactionnaires que le législateur de 1822.

La disposition de l'article 3 de la loi du 27 juillet 1849 s'est même chargée de démontrer que, dans la voie des délits d'opinion, l'arbitraire, le vague, n'ont pas de bornes. On en vient à faire des délits nouveaux en employant, pour légiférer dans des circonstances identiques, des locutions nouvelles. C'est la chasse à la pensée; selon que la pensée semble revêtir une forme différente pour commettre ce que le législateur a considéré comme un délit, il recourt lui-même et à l'instant à une forme nouvelle pour saisir le même fait délictueux.

Le délit d'apologie de faits qualifiés crimes ou délits par la loi devait disparaître du projet, par la même raison que le délit d'attaques contre le respect dû aux lois.

Ni l'apologie de faits qualifiés crimes, ni l'attaque contre le respect dû aux lois ne sont des actes; ce ne sont que des appréciations, des discussions sous une forme plus ou moins vive, plus ou moins agressive, plus ou moins blâmable en soi.

Ce ne sont que des opinions.

« Voici le duel, disait Pelletan, dans la séance du 6 avril 1870 : c'est un fait qualifié délit par la loi et crime dans certaines circonstances, et cependant si un écrivain venait à proclamer que le duel est un acte parfaitement légitime, parfaitement honorable, — je n'ai pas à juger la thèse en elle-même, mais M. Guizot l'a soutenue à cette tribune, — je demande à M. le garde des sceaux (qui, dans la circonstance, absoudrait les opinions) si l'apologie du duel est une opinion, non un acte. »

Qu'est d'ailleurs l'apologie? En quoi diffère-t-elle d'une appréciation plus ou moins exaltée? Quelle analogie, même la plus éloignée, l'apologie de faits qualifiés crimes ou délits, a-t-elle avec les crimes et les délits de droit commun? Quel trouble effectif peut-elle causer à la paix publique?

Le fait qualifié crime ou délit aujourd'hui, sera-t-il considéré comme crime ou comme délit demain?

L'attaque contre le respect dû aux lois, par exemple, n'était pas un délit avant le 27 juillet 1849; ce n'est donc que depuis le 27 juillet 1849 que l'apologie de ce délit serait devenue un délit, elle-même!

On s'est demandé si l'apologie d'un fait qualifié contravention est délictueuse. Non, dit de Grattier (t. II, p. 318). Cependant elle sera délictueuse, si la contravention, objet de l'apologie, est passible de peines correctionnelles, dit le même auteur, quelques lignes plus bas!

Est-ce là de la législation? Est-ce là surtout de la raison?

Nous supprimons le délit puni par l'article 3 de la loi du 27 juillet 1849.

9ᵉ suppression. — Nous supprimons le délit d'infidélité et mauvaise foi dans le compte rendu des séances des Chambres ainsi que des audiences des cours et tribunaux, délit prévu par l'article 7 de la loi du 25 mars 1822, § 1; aggravé par le § 2, si le compte rendu est de plus injurieux.

La désuétude a fait justice de cette disposition.

Il était difficile d'imaginer rien qui fût plus arbitraire. Ce n'est pas l'inexactitude qui constitue le délit, c'est *l'infidélité et la mauvaise foi*, et encore faut-il, pour qu'il y ait délit punissable, que le compte rendu infidèle et de mauvaise foi ait été fait dans un journal ou écrit périodique. Quel est donc le motif de cette distinction ?

Ce qui ajoute à l'anomalie, c'est la juridiction que l'article 16 de la loi du 25 mars 1822 a appelée à connaître de ce délit de compte rendu infidèle.

Les Chambres doivent appliquer la peine relative au compte rendu de leurs séances, les tribunaux celle relative au compte rendu de leurs audiences, de sorte que le tribunal de simple police, s'il s'agit du compte rendu d'une des siennes, appliquera, par le fait, une peine de 1,000 à 6,000 francs d'amende et celle d'un mois à trois ans de prison, si le compte rendu est injurieux. Le même tribunal pourra, en vertu du paragraphe 3 de l'article 7, interdire à l'éditeur du journal de rendre compte des débats judiciaires! Est-il rien de plus excessif, de plus exorbitant en matière de juridiction ?

On se demande même si ces décisions pourraient être frappées d'appel, puisque c'est le tribunal, c'est le juge désigné qui seul doit apprécier. Comment le juge du degré supérieur substituerait-il son appréciation, ses susceptibilités à l'appréciation, aux susceptibilités intimes et personnelles du magistrat froissé, du degré inférieur !

Nous avons supprimé le délit prévu par l'article 7 de la loi du 25 mars 1822.

10° suppression. — Nous supprimons l'interdiction de rendre compte des procès pour délits de presse. Cette mesure, imaginée par l'article 17 du décret du 17 février 1852, est attentatoire au principe de la publicité des débats judiciaires, principe proclamé par la loi du 21 avril 1810 article 7, sur l'organisation de la justice en France, et le Code de procédure civile, article 87. Elle se comprenait sous le régime qui suivit le coup d'Etat. Le despotisme redoutait ceux qu'il frappait de ses rigueurs. Les poursuites des parquets augmentaient la considération des écrivains en délit. La foule sympathique affluait dans les prétoires et, par la popularité qu'elle faisait au condamné, elle le vengeait de la condamnation qui venait de l'atteindre.

Nous avons effacé du projet de loi l'article 17 du décret du 17 février 1852. Nous avons également supprimé les dispositions qui restreignent la liberté des comptes rendus des séances des conseils municipaux et des conseils généraux. (Lois des 4 mai 1855 et 10 août 1871.) Ces dispositions sont demeurées à l'état purement théorique.

Nota. — Nous avons conservé, en le modifiant, l'article 11 de la loi du 27 juillet 1849 que le décret avait amendé par le même article 17, paragraphe 2 (v. l'art. 42 de la loi nouvelle.)

11° suppression. — Nous supprimons le délit de provocation à commettre un délit, quand cette provocation n'a pas été suivie d'effet.

Les raisons de cette suppression seront données avec celles qui nous ont fait maintenir le délit de provocation, non suivie d'effet, à commettre un crime. (Renvoi aux art. 26 et 27 du projet.)

12° suppression. — Nous supprimons le délit d'enlèvement où dégradation des signes publics de l'autorité, opéré en haine ou au mépris de cette autorité, délit prévu en dernier lieu par l'article 6 § 1 du décret du 11 août 1848.

Ce délit avait été introduit dans la loi du 17 mai 1819, article 5. M. de Serre, pour le faire rentrer dans sa théorie des délits de droit commun que l'exposé des motifs voulait seul atteindre, le qualifiait de provocation au délit.

« Seront réputés provocation au délit et punis des peines portées à l'article 3, disait l'article 5, l'enlèvement ou la dégradation des signes publics de l'autorité opéré en haine ou au mépris de cette autorité. »

L'assimilation est on ne peut plus forcée. Il serait d'ailleurs bien difficile de déterminer quel est le délit auquel provoque le fait de cet enlèvement ou de cette dégradation.

La loi du 25 mars 1822, article 9, à laquelle le décret du 11 août 1848 l'a emprunté, y a mis

plus de franchise; elle considère comme un délit spécial cet enlèvement ou cette dégradation opéré en haine ou au mépris du Gouvernement et elle le punit d'une peine spéciale, 15 jours à deux mois de prison et 100 à 1,000 fr. d'amende.

Ce n'est là que la reproduction du délit d'excitation à la haine ou au mépris du Gouvernement que nous n'avons pas cru devoir maintenir dans la loi nouvelle.

La haine ou le mépris sont les éléments essentiels de ce délit; or, la haine ou le mépris sont des sentiments dont la manifestation même publique échappe à la responsabilité pénale.

On ne décrète pas l'estime ou l'affection, on ne saurait interdire le mépris ou la haine !

13° suppression. — Nous supprimons également le délit de port public de tous signes extérieurs de ralliement non autorisés par la loi ou par des règlements de police, délit emprunté par l'article 6 § 3 du décret du 11 août 1868 à l'article 9 de la loi du 25 mars 1822 et à l'article 5 de la loi du 17 mai 1819, dans les mêmes conditions que le délit que nous venons de viser.

C'est un des délits dont Béranger eut à se défendre.

« Cette disposition, disait Marchangy dans son réquisitoire, s'applique formellement au sieur Béranger, qui, dans sa chanson intitulée *le Vieux Drapeau,* excite à déployer le *drapeau tricolore,* que de nombreux exploits ont sans doute illustré, mais qu'on ne saurait arborer *sans se rendre coupable de rébellion.* »

Notre projet de loi proclame l'innocence absolue du poëte et de sa chanson !

14° suppression. — Nous supprimons enfin le délit d'exposition dans des lieux ou réunions publics, la distribution ou la mise en vente de tous signes ou symboles propres à propager l'esprit de rébellion ou à troubler la paix publique, délit prévu par le même article 6 § 4 du décret du 11 août 1848.

C'est encore là un de ces délits dont la définition pratique est à peu près impossible, et qui est en quelque sorte prescrit par le *non usage comme une des servitudes de la liberté.* Depuis bien longtemps, en effet, les tribunaux ne l'ont pas appliqué.

On cite un arrêt de la Cour de cassation du 16 août 1833, un dernier du 18 novembre 1854, qui firent rentrer dans le cas prévu par le § 4 de l'article 6 du décret du 11 août 1848, l'exposition, dans une cérémonie publique et religieuse, de fleurs de lys et de bannières blanches.

Nous n'avons à prendre ombrage aujourd'hui ni des fleurs de lys de la légitimité, ni des violettes du bonapartisme.

Il suffit du bulletin de vote pour prévenir les

révoltes et les séditions et du Code pénal ordinaire pour les réprimer.

Le projet de loi que nous vous soumettons peut sans compromettre l'ordre à l'intérieur, ne maintenir aucun de ces délits prévus par les lois actuelles, qui n'impliquent que la manifestation d'une opinion, d'une doctrine, d'une tendance. Quelque blâmable que puisse être cette opinion, quelque subversive qu'ait l'apparence d'être cette doctrine, quelque anti-républicaine que soit cette tendance, elle a toute liberté, pourvu qu'elle ne dégénère pas en actes attentatoires aux droits, à la liberté, à l'intérêt d'autrui, ou à la sécurité publique, c'est-à-dire en un de ces délits prévus dans le chapitre suivant.

15e suppression. — Indépendamment des abrogations que nous venons d'énumérer et qui s'appliquant généralement à des délits intentionnels, nous avons abrogé précédemment certaines infractions qui participent en quelque sorte tout à la fois du délit et de la contravention.

Il en est ainsi de celles que prévoient les articles 3 de la loi du 16 juillet 1850 et 21 du décret du 17 février 1852.

Il est une autre infraction spéciale aux journaux, que nous avons également supprimée. L'article 11 de la loi du 11 mai 1868 défend toute publication dans un écrit périodique, relative à un fait de la vie privée, sous peine d'une amende de 500 fr. L'article ajoute que la poursuite ne pourra être exercée que par la partie intéressée.

Cette disposition fut introduite dans la loi par voie d'amendement dû à l'initiative d'un de nos honorables collègues, M. Guilloutet.

L'expédient était loyal et généreux, mais la pratique ne l'a pas assez accrédité pour que nous ayons cru devoir maintenir dans notre loi ce genre de contravention.

On ne comprendrait pas, si cette disposition avait une utilité réelle, qu'elle ne fût pas applicable aux écrits en général, aussi bien qu'aux écrits périodiques.

Et d'ailleurs si la publication d'un fait de la vie privée va jusqu'à la diffamation ou seulement jusqu'à l'injure, elle tombe sous le coup des dispositions pénales qui répriment ce genre de méfaits; si elle ne fait que causer un préjudice sans être délictueuse, la personne lésée a la ressource de saisir les tribunaux civils d'une action civile en dommages-intérêts; si elle est au contraire tout à fait insignifiante et inoffensive, il n'y a qu'à ne pas en tenir compte. Nous avons cru devoir supprimer la contravention définie par l'article 11 de la loi du 11 mai 1868.

XVII

B. Dispositions pénales maintenues

Plus logiques, plus conséquents avec nous-mêmes, que ne le fut M. de Serre avec les principes développés dans son exposé des motifs des trois lois de 1819, nous ne considérons comme punissables que les actes qui engagent la responsabilité de leurs auteurs, quel que soit le moyen à l'aide duquel ces actes ont pu être perpétrés.

Ce n'est pas une raison d'être plus indulgents parce que ce moyen consistera dans la publication à l'aide de la parole ou de la presse.

Ce n'est pas non plus le cas d'être plus tolérants parce que le fait coupable se commettra sous la République.

« Il semble que les garanties soient particulièrement nécessaires sous un régime républicain, parce que la République, par sa nature même, tend à donner de plus vives allures à la liberté. » (Louis Blanc, séance du 7 août 1848, *Moniteur universel*, p. 940, col. 2).

La liberté ne saurait être invoquée comme circonstance atténuante de la responsabilité.

« Je veux, disait Jules Grévy, lors de la discussion de la loi du 27 juillet 1849, je veux que tous les citoyens puissent exercer le droit que leur garantit la Constitution, d'exprimer leur pensée... Je veux, à cause de cela, *que chacun soit responsable*. Je veux, en outre, un système de répression complet, et en cela je me rapproche de M. Thiers. Quand la Presse sera sans entraves, vous pourrez demander des lois de répression, et pour mon compte, je ne vous les refuserai jamais. » (*Moniteur universel*, 27 juillet 1849, p. 124, col. 2).

Nous venons de délivrer la Presse de toutes ses entraves; tous ses liens sont tombés, elle est libre; elle devient dès lors responsable, comme la parole, ni plus ni moins.

XVIII

§ 1er. — *Provocation aux crimes et aux délits.*

Quiconque provoque à commettre une action en partage la responsabilité avec celui qui la commet.

Le provocateur d'un crime ou d'un délit doit donc être puni comme complice de ce crime ou de ce délit; c'est un principe de droit commun fondé sur la raison et l'équité, et qui a trouvé place dans toutes les législations.

L'article 60 du Code pénal en a fait une juste application en énumérant les actes par lesquels ce genre de complicité peut habituellement se manifester : ce sont *les dons, les menaces, les promesses, les abus d'autorité ou de pouvoir, les machinations ou artifices coupables.*

Il faut convenir que l'influence de la parole publique ou de la presse ne se fera guère sentir dans ces sortes de provocations. Ce n'est pas à elles que l'on aura recours, si l'on veut s'assurer quelque chance d'impunité. Mais comme l'article est conçu dans des termes généraux, il faut bien reconnaître qu'il s'appliquerait, si l'analogie était permise en matière pénale, à celles que produiraient exceptionnellement un discours entendu sur la place publique, la lecture d'un placard ou d'un article de journal. Le projet de loi ne fait autre chose qu'édicter l'analogie. L'analogie est dans le résultat obtenu par la presse ou par la parole.

Il est en effet, en matière de provocation, des excitations publiques, qui, pour produire leur effet n'ont besoin de recourir à aucun des moyens indiqués par l'article 60, qui les répudient même, et qui s'adressent à la passion des hommes, sans chercher à exploiter ni leur cupidité, ni leur faiblesse, ni leur crédulité. S'il fallait des exemples, nous citerions l'appel direct à la guerre civile qui peut sortir, dans une réunion publique, de la bouche enflammée d'un orateur; l'appel direct au renversement violent de nos institutions que contiennent un journal ou des affiches placardées sur les murs dans la cité; le cri qui, dans un attroupement, détermine à l'improviste une action criminelle ou délictueuse.

La loi du 18 juillet 1791 punissait ces provocations, qu'elles fussent ou non suivies d'effet (1). Il eût été bien étrange que le Code pénal n'en eût pas fait l'objet de quelque disposition particulière.

---

(1) 18 juillet 1791. — *Article premier.* — Toutes personnes qui auront provoqué le meurtre, l'incendie, le pillage ou qui conseillent formellement la désobéissance à la loi, soit par des placards, des affiches, soit par des écrits publics et colportés, soit par des discours tenus dans les lieux ou assemblées publiques, seront regardées comme séditieuses et perturbatrices, et en conséquence les officiers de police sont tenus de les faire arrêter sur-le-champ et de les remettre aux tribunaux pour être punies suivant la loi.
Art. 2. — Tout homme qui, dans un attroupement ou émeute, aura fait entendre un cri de provocation au meurtre sera puni de trois ans de la chaîne, si le meurtre ne s'est pas commis, et comme complice du crime s'il a eu lieu (*Anc. Moniteur*, t. IX, p. 167)

L'article 60 les prévoit formellement, et c'est dans ces termes que l'article 102 punissait la provocation aux crimes et délits contre la sûreté intérieure ou extérieure de l'État : « Seront punis comme coupables des crimes et complots mentionnés dans la présente section, tous ceux qui, soit par discours tenus dans des lieux ou réunions publics, soit par placards affichés, soit par des écrits imprimés, auront excité directement les citoyens ou habitants à les commettre. »

« Néanmoins, dans les cas où lesdites provocations n'auraient été suivies d'aucun effet, leurs auteurs seront simplement punis du bannissement. »

Cet article, qui fait du provocateur un co-auteur et non un complice de l'auteur du crime, et qui, comme la loi de 1791, punit la provocation, même non suivie d'effet, a été abrogé et remplacé par les articles 1, 2 et 3 de la loi du 17 mai 1819 : ce sont les textes qui régissent aujourd'hui cette importante matière.

Cette loi a rendu à la provocation suivie d'effet son véritable caractère, celui de complicité. Elle a, de plus, étendu à tous les crimes et à tous les délits la règle que le législateur de 1810 avait arbitrairement restreinte aux crimes attentatoires à la sûreté intérieure et extérieure de l'État.

Jusque là, rien à reprendre, et nous aurions accepté sans modification les articles précédents; mais cédant à une fâcheuse inspiration, les auteurs de la loi de 1819 ont rédigé de telle façon leur article 1er qu'il a été possible de soutenir, au préjudice de la liberté de parler et d'écrire, que cet article contenait une dérogation formelle au droit commun, et que, depuis la promulgation, il y avait deux sortes de complicité punissable : celle de l'article 60 du Code pénal et celle de la loi de 1819.

Pour punir la première, il faut nécessairement qu'il y ait entre elle et le crime commis le rapport intime qui existe entre la cause et l'effet; il faut qu'il soit clairement démontré que l'auteur de la provocation a eu l'intention de provoquer au fait qui a été commis; c'est là une complicité réelle, effective; c'est, en un mot, la complicité du droit commun.

Quant à l'autre, c'est moins une complicité véritable qu'une assimilation à la complicité. Pour que celle-ci entraîne un châtiment, il n'est pas indispensable que le crime se rattache par un lien indissoluble à l'intention de celui qui l'a provoqué.

« Il se peut même, dit Chassan, qu'il n'ait pas eu l'intention que la provocation fût suivie d'effet; mais il n'en sera pas moins réputé complice et puni comme tel, alors même que le crime qu le délit réalisé n'aura pas été présent à ses esprit, pourvu qu'il soit démontré que la publication, quoique faite seulement dans le but criminel de remuer les passions, a été cependant le véhicule du crime ou du délit, car la loi n'exige pas, comme élément de cette complicité ni comme élément de l'intention, l'espérance immédiate de la réalisation expresse du crime ou du délit qui a été la suite de la provocation (1). »

Et pour appuyer cette doctrine sur le texte, il ajoute :

« Aussi l'article 1er de la loi de 1819 ne déclare-t-il pas l'auteur d'une pareille publication complice du crime ou du délit auquel cette publication a provoqué; la loi dit seulement qu'il est *réputé complice*, tandis que l'article 60 du Code pénal déclare positivement complice celui qui, par machination ou artifices coupables, a provoqué à une action qualifiée crime ou délit. »

C'est la théorie de la complicité morale, de ce que l'on pourrait appeler la complicité indirecte.

Sans doute elle ne rencontrerait pas grande faveur devant un jury, dont on ne surprendra jamais les décisions avec les subtilités de l'école. Mais il suffit que la difficulté existe pour qu'il faille la faire disparaître, et pour éviter à l'avenir toute controverse nous vous proposons de rédiger l'article 26 dans des termes qui établiront, sans contradiction possible, qu'il n'est qu'une application des principes de l'article 60 du Code pénal, auquel nons empruntons même une partie de la rédaction.

La provocation ne sera donc punie des peines de la complicité que lorsqu'elle sera *directe et spéciale*, c'est-à-dire lorsqu'elle consistera dans les efforts directs d'un individu pour que d'autres individus exécutent un crime déterminé et prévu par la loi pénale.

La loi n'admettant pas de complicité en matière de contraventions, il ne saurait y avoir à leur égard de provocations à réprimer.

La provocation aux crimes et aux délits est donc la seule dont il faille se préoccuper.

Quand elle est suivie d'effet on lui applique les peines de la complicité.

Quand elle est restée sans résultat, il ne saurait en être de même, puisqu'il n'y a pas de fait principal auquel on puisse la rattacher.

Ne faudrait-il pas cependant la punir ?

Comme on l'a vu plus haut, la loi du 18 juillet 1791, l'article 102 du Code pénal la punissaient dans certains cas déterminés. La loi de 1819, sous l'empire de laquelle nous vivons aujourd'hui, a généralisé l'exception, et elle est punie de peines particulières.

------

(1) *Traité des délits et contraventions de la parole et de la presse*, 2e édit., t. Ier, p. 307.

Nous avons pensé, à cet égard, qu'il fallait faire une distinction entre la provocation à commettre un crime et la provocation à commettre un délit.

La provocation à commettre un crime sera punissable, qu'elle ait été ou non suivie d'effet.

Si elle a été suivie d'effet, c'est-à-dire si le crime a été commis ou tenté dans le sens que le Code pénal attache à la tentative (art. 2), le provocateur sera considéré et traité comme complice de l'auteur principal.

La provocation à commettre un délit sera punissable si elle a été suivie d'effet, c'est-à-dire si le délit a été commis, ou si, en cas de tentative, il s'agit d'un de ces délits dont la tentative est punissable selon le droit commun (art. 3 du Code pénal). Le provocateur sera considéré et traité comme l'auteur principal de ce délit.

Ce sont là les dispositions de l'article 26 du projet.

Mais si le crime n'a pas été commis, c'est-à-dire si la provocation directe à commettre ce crime n'a pas été suivie d'effet, la provocation n'en sera pas moins punissable. Il n'y aura pas lieu, dans ce cas-là, de considérer le provocateur comme complice, puisqu'il n'y a pas d'auteur, pas de fait principal, il n'y aura pas lieu non plus de le considérer comme coupable de tentative, puisque la tentative suppose un commencement d'exécution, et qu'elle ne résulte pas même d'actes simplement préparatoires (C. pén., art. 2), ce qu'a négligé, selon nous, l'auteur de l'exposé des motifs de la loi du 17 mai 1819.

Nous ne pouvons cependant vous proposer de laisser, dans cette hypothèse, le fait de la provocation impuni.

La provocation est, dans cette hypothèse, comme dans celle où elle a été suivie d'effet, un acte et non pas l'expression d'une opinion, la manifestation d'une doctrine ou d'une tendance, elle est une véritable menace à la sécurité publique, elle cause un trouble, c'est-à-dire un dommage appréciable à la société ou à l'individu , elle tombe, à ce titre, sous l'application des principes les moins contestables du droit commun, dans les dispositions duquel elle trouve plus d'une analogie (C. pén., 202).

La provocation à commettre un crime, quand elle n'a pas été suivie d'effet, est, dans le système de la loi nouvelle, une infraction à la loi générale, un délit que notre article 27 punit d'un emprisonnement de trois mois à deux ans, et d'une amende de 100 à 3,000 francs, ou de l'une de ces deux peines seulement.

Nous n'avons pas cru devoir aller plus loin dans l'assimilation, avec les articles 1, 2 et 3 de la loi du 17 mai 1819.

Nous ne vous proposons pas en effet de consacer une disposition pénale à la provocation à commettre un délit, quand elle n'a pas été suivie d'effet.

Bien que nous ne confondions pas la provocation non suivie d'effet avec la tentative, ainsi que l'a fait le législateur de 1819, nous ne pouvons nier qu'entre ces deux actes, ces deux exercices de la liberté, il n'y ait une certaine analogie, et comme le droit commun exclut en général la répression de la tentative en matière de délit, qu'il ne la punit que par exception et par disposition expresse (C. pén., art 3), nous avons cru devoir laisser la provocation à commettre un délit qui n'a pas été effectué, dans le sens juridique, à l'occasion duquel il n'y a pas d'auteur principal punissable, dans la catégorie des actions qui ne donnent lieu qu'à la réparation civile du préjudice causé ; c'est en dernier lieu que nous nous sommes arrêtés à cette détermination.

En conséquence, l'article 27 du projet ne réprime la provocation non suivie d'effet, que lorsque l'action, objet de cette provocation, est qualifiée crime par la loi.

Le § 1er du chapitre IV prévoit, en terminant, un genre de provocation spéciale : c'est celle qui, par l'un des moyens de publication énoncés dans l'article 26, est adressée à des militaires des armées de terre ou de mer, dans le but de les détourner de leurs devoirs de militaires et de l'obéissance qu'ils doivent à leurs chefs.

C'est là un délit, aux termes de l'article 2 de la loi du 27 juillet 1849.

« Vous avez créé des peines pour la provocation à la *désobéissance de l'armée*, pour la falsification de pièces ou nouvelles, disait Jules Grévy, lors de la discussion de cette loi. *Vous avez eu raison*. Si votre projet ne renfermait que des articles pareils, ils ne m'auraient pas pour adversaire. Ce sont des faits criminels qui étaient, à tort, restés impunis, que vous avez bien fait de réprimer.... »

Nous réprimons ce méfait avec moins de sévérité toutefois que le législateur de 1849, encore ému des journées de juin 1848, c'est-à-dire d'un emprisonnement d'un mois à six mois et d'une amende de 16 à 100 francs, au lieu d'un emprisonnement d'un mois à deux ans et d'une amende de 25 à 4,000 francs (art. 28).

Notre article réserve, ainsi que le faisait la loi de 1849, les peines plus graves prononcées par la loi, lorsque le fait constituera une tentative d'embauchage ou une provocation à une action qualifiée crime. (L'embauchage est prévu par les articles 208 de la loi du 9 juin 1857, Code de justice militaire pour l'armée de terre, et 265 de la loi du 4 juin 1858, Code de justice pour l'armée de mer. Ces dispositions prononcent la peine capitale.)

La provocation prévue par les articles 26, 27 et 28 n'est punissable que si elle a eu lieu par l'un des moyens inscrits dans l'article 26 lui-même, c'est-à-dire par des discours, cris ou menaces, proférés dans des lieux ou réunions publics, soit par des écrits, des imprimés, des dessins, des gravures, des peintures ou emblèmes vendus ou distribués, mis en vente ou exposés dans des lieux ou réunions publics, soit par des placards ou affiches exposés aux regards du public.

Nous avons reproduit les termes dont se sert la loi du 17 mai 1819, art. 1er, et que la doctrine des auteurs et la jurisprudence des tribunaux expliquent ou appliquent depuis plus d'un demi siècle. L'interprétation en est fixée depuis long - temps.

<h1 style="text-align:center">XIX</h1>

§ 2. — Délits contre la chose publique

La chose publique peut-elle souffrir un dommage ?

Peut-on concevoir des délits contre la chose publique ? Oui, incontestablement.

L'intérêt public n'est que la somme, le reflet des intérêts privés.

La chose publique a donc son intérêt propre. *Reipublicæ interest*, dit la loi romaine.

Le droit moderne n'y est pas resté indifférent.

C'est ainsi que le Code pénal prévoit, par le titre premier du livre III : *les crimes et délits contre la chose publique*. Ce titre se subdivise en cent trente dispositions. Cent trente sortes de crimes ou délits contre cette chose publique !

Notre projet en a trois, les articles 29, 30, et 31.

<h1 style="text-align:center">XX</h1>

Outrages envers les pouvoirs publics, cris séditieux, fausses nouvelles, outrages aux bonnes mœurs.

« Art. 29.—Tout outrage commis publiquement d'une manière quelconque envers le Président de la République, sera puni d'un emprisonnement de six mois à deux ans, et d'une amende de 100 fr. à 3.000 fr. ou de l'une de ces deux peines seulement. »

« § 2. — Sera passible de la même peine tout outrage commis par l'un des moyens énoncés en l'article 26, envers la République, le Sénat ou la Chambre des députés. »

Cette disposition se substitue aux articles 4 et 9 de la loi du 17 mai 1819, 15 et 16 de la loi du 25 mars 1822, 2 et 3 de la loi du 9 septembre 1835, 1 et 2 du décret du 11 août 1848, 1er de la loi du 27 juillet 1849, et 1er de la loi du 29 décembre 1875.

Elle ne remplace pas ces divers textes de lois qui demeurent absolument abrogés, elle n'en a retenu qu'un seul élément : l'outrage envers le Chef de l'Etat, envers la République, le Sénat et la Chambre des députés.

Quelques explications sont ici nécessaires.

Le § 1er de l'article 29 punit l'outrage commis publiquement, d'une manière quelconque, envers le Président de la République.

Quelle est la signification que le projet de loi attache à l'expression d'outrage?

Si l'on demande aux règles usuelles de notre langue, attestées par les dictionnaires, la signification du mot outrage, qu'emploie notre article 29, c'est, d'après l'Académie *une injure grave de fait ou de parole*, et l'injure, c'est, d'après la même autorité, *l'insulte, l'outrage ou de fait ou de parole, ou par écrit*.

L'une et l'autre de ces deux définitions se nuisent réciproquement; elles se rendent moins claires en se renvoyant l'une à l'autre.

L'injure, d'après Littré, c'est *l'outrage de fait ou de parole ou par écrit*.

L'outrage, c'est *ce qui outrepasse les bornes en fait d'offense, d'injure*.

Ceci est plus clair que la définition académique.

Enfin, d'après Larousse, l'outrage *est une violente injustice, une grave injure en parole ou en action* (l'auteur considère sans doute l'écrit comme une action).

En matière juridique, ajoute-t-il, l'outrage envers les personnes est *l'injure, en tant qu'elle atteint les grands corps de l'Etat, les magistrats, les fonctionnaires publics*.

L'outrage, c'est la gradation, c'est l'augmentatif de l'injure.

Comme l'injure semble avoir une gravité plus grande quand elle s'attaque au pouvoir ou à ses représentants, à toute autre chose, à toute autre personne qu'à un simple particulier, le législateur, d'accord avec l'usage, emploie, dans ces cas-là, l'expression d'outrage au lieu d'injure (Code pénal de 1810 modifié le 13 mai 1863, art. 222, 223, 224, 225, 330, et loi du 25 mars 1822, art. 6).

Nous conformant à cette tradition législative, nous avons employé le mot outrage pour exprimer l'injure ou l'insulte envers le Président de la République.

Nous disons dans le § 1er de l'article 29 : « Tout outrage commis publiquement d'une manière quelconque envers le Président de la République, sera puni... etc. »

Nous avons voulu par ces expressions donner à l'outrage le sens le plus large, le prendre dans son acception la plus étendue en le déclarant punissable, pourvu que l'action outrageante ait été commise publiquement.

L'outrage est *un terme générique qui embrasse la diffamation, l'injure, toute insulte humiliante, la représentation d'emblèmes déversant le ridicule* (1), *l'imputation ou l'allégation d'un fait de nature à froisser la susceptibilité*, un mot offensant, une *menace* (2), l'outrage commis publiquement d'une manière quelconque (3).

Certains textes de lois avaient employé le mot *offense* au lieu d'*outrage* quand l'acte coupable s'attaquait à la personne du monarque (L. 17 mai 1819, art. 9. L. 1835, art. 2 et 3).

« Le mot offense, dit M. de Grattier, rendait mieux l'idée du législateur, jusqu'alors consacré à la seule divinité, il était une heureuse fiction (4). »

— « Il existe en effet des êtres placés si haut dans l'esprit des hommes, disait la commission de la Chambre des députés dans la séance du 16 avril, que le trait le plus empoisonné, bien que lancé contre eux, ne peut les atteindre ; quoi qu'on publie à leur sujet, peu importe en ce qui les concerne personnellement. Il y a délit, mais il n'y a pas dommage ; il y a un criminel, mais il ne peut pas y avoir de victime. Le mot offense caractérise justement ce genre de délit. »

Si le législateur s'en était tenu là, il n'aurait fait que donner un certain relief au mot offense, attribuant à cette expression une signification de haute portée, qu'a de nos jours employée la loi du 29 décembre 1875, art. 6. « En cas d'offense envers les membres..., etc. » Mais en 1835 la signification de l'offense fut tellement étendue, les lois de septembre en tirèrent un parti tellement excessif, qu'elles y puisèrent non plus une seule, mais une série de dispositions. (L'article 2 et l'article 3.)

Le législateur d'alors fit une distinction.

Si l'offense au roi avait pour but d'exciter à la haine ou au mépris de sa personne ou de son autorité constitutionnelle, elle devenait un attentat à la sûreté de l'Etat; l'article 1er de la même loi du 9 septembre 1835 lui devenait applicable, et par là même les articles 86 et 87 du Code pénal (5).

---

(1) De Grattier, t. II, p. 51.
(2) C. pén., 223, 224.
(3) Cass., 25 mars 1822.
(4) T. I, p. 104.
(5) L'offense était alors considérée comme une provocation aux crimes punis par les articles 86

Touto autre offense au roi encourait les peines
édictées par l'article 9 de la loi du 17 mai 1819.

Ces dispositions exorbitantes trouvaient leur
explication ou leur prétexte dans l'identifi-
cation fictive de l'Etat et du monarque.

Disons en passant que, quelque sévères qu'elles
fussent, elles l'étaient moins que la loi anglaise
en matière de provocation à l'attentat ou au complot.

« La loi de 1835, dit Chassan, ne punit que la
provocation à l'attentat. Le statut du roi
Georges III punit indifféremment la provocation
à l'attentat, au complot ou au projet d'attentat
contre le roi...

« On voit par ce qui vient d'être dit, que quelle
que soit la sévérité de la loi nouvelle, ni l'ancienne, ni la moderne législation anglaise, ni la
législation de l'Empire, ni celle qui a été votée
ou qui a subsisté sous la Restauration, n'ont de
reproches à faire aux dispositions introduites en
1835. Je n'ai pas entendu, au surplus, ajoute
Chassan, m'ériger ici en apologiste de cette
loi. Tel n'est pas le rôle que je me suis tracé (1).»

Pour en revenir au mot offense, nous avons
pensé qu'une expression, même juridique, mais
qui rappelle de tels souvenirs dans l'histoire des
causes criminelles, ne pouvait se retrouver dans
une législation qui a souci de la liberté.

Nous avons donc, bien qu'il s'agisse de la considération suprême qui doit entourer le chef de
l'Etat, remplacé, dans l'article 27, le mot offense
par celui d'outrage.

XXI

Art. 29 § 2. — Le § 2 de l'article 29, dans l'énumération des autres éléments du délit d'outrage,
soit envers la République, soit envers le Sénat
et la Chambre des députés, ne vise, en fait de
moyens de publication, que ceux énoncés dans
l'article 26, à la différence du § 1er du même article 29.

Il ne peut s'agir, en effet, ici de l'outrage par
gestes ou menace. Il ne saurait être question que
de la publicité ordinaire.

L'outrage envers la République se substitue,
dans ce paragraphe, sans les remplacer, en les
abrogeant au contraire, aux dispositions des lois
existantes, notamment à l'article 4 du décret du
11 août 1848, à l'article 1er de la loi du 27 juillet
1849 et 1er de la loi du 29 décembre 1875.

L'attaque, expression dont se servaient les textes
que nous supprimons, ne pouvait que difficilement
se distinguer de la discussion, ce que prescri-
vaient cependant les circulaires.

« L'article 1er de la loi du 29 décembre 1875,
disait une de ces circulaires, punit toute attaque
non-seulement contre chacun des pouvoirs éta-
blis par les lois constitutionnelles, mais aussi
contre ces pouvoirs considérés dans leur ensemble et contre les lois mêmes dont ils tirent
leur origine. Mais il n'a pas voulu soustraire le
pacte constitutionnel à une calme discussion et à
une critique loyale. »

Calme discussion, loyale critique, qui se char-
gera de les définir ?

Si toute attaque n'est pas une discussion,
toute discussion est une attaque.

Nous avons voulu être plus précis, et surtout
circonscrire le délit dans un cercle plus restreint.

L'attaque n'exclut pas la manifestation d'une
opinion. Or, nous avons déjà posé en principe
que le projet de loi entend laisser libre carrière
aux opinions, quelles qu'elles soient.

Mais ce qui cesse d'être la manifestation d'une
opinion, c'est l'injure, c'est l'insulte, c'est l'outrage; cela devient un acte.

L'insulteur agit, puisqu'il provoque une action contraire.

Nous n'avons pas voulu que la République
c'est-à-dire l'ensemble des éléments constitu-
tionnels sur la stabilité desquels repose aujour-
d'hui la sécurité nationale, pût être impunément
l'objet, sinon de discussions plus ou moins pas-
sionnées, mais d'injures, d'insultes, d'outrages publiquement proférés.

La définition pratique de ce délit ainsi expli-
quée, le projet de loi, dans la partie relative à
la juridiction, le livre au discernement, à l'im-
partialité, au patriotisme du jury.

XXII

Le paragraphe 2 de l'article 29 prévoit, dans sa
dernière partie, l'outrage commis également par
l'un des moyens énoncés en l'article 26 envers le
Sénat et la Chambre des députés.

Les observations qui précèdent nous dispensent
ici de tous développements.

Nous n'avons qu'une observation à faire à cet
égard : ce ne sont pas les membres des deux
Chambres pris individuellement qu'a en vue cette
disposition, c'est l'une ou l'autre Chambre considérées toutes deux dans leur acception collec-
tive comme pouvoir public

Le délit d'outrage envers l'une ou l'autre

---

et 87 du Code pénal, la mort, ou la déportation
dans une enceinte fortifiée. Les lois de septembre ont été abrogées par le décret du 6 mars
1848, et l'article 86 du Code pénal modifié et
adouci par la loi du 10 juin 1853.

(1) Chassan, t. I, p. 204.

Chambre, prévu par notre article 29, fait l'objet, au point de vue de la juridiction, d'une disposition spéciale de la loi du 25 mars 1822, l'article 15, que la Cour de cassation a déclaré, par un arrêt du 15 novembre 1849, être encore en vigueur (1).

Cet article 15 autorise la Chambre offensée à traduire le prévenu à sa barre.

Nous verrons, par ce qui sera dit au chapitre V, section 2 du projet, que cette attribution facultative de juridiction est supprimée, car nous ne la reproduisons pas.

XXIII

Art. 30. — Notre article punit les cris séditieux.

La publicité est un des éléments constitutifs du délit : *proféré dans des lieux ou réunions publics*, dit cette disposition.

C'est la loi du 17 mai 1819 qui, la première, fit un délit des cris séditieux.

Elle les considérait comme une provocation au *délit* et les punissait des peines portées en l'article 3 (trois jours à deux années d'emprisonnement et une amende de 30 francs à quatre mille francs).

L'exposé des motifs des lois de 1819, que nous avons eu déjà occasion de rappeler, prenait théoriquement à tâche de n'incriminer que les délits de droit commun.

C'est à ce titre qu'elle punissait la provocation à commettre des délits ou des crimes.

Pour ne pas encourir le reproche de manquer à son programme, l'auteur de la loi du 17 mai 1819 considérait les *cris séditieux* comme constituant une provocation au délit...

« Seront réputés provocation au délit, dit l'article 5, 1° tous cris séditieux... »

Le législateur de 1822 n'eut pas les mêmes scrupules de classification.

Il considéra simplement comme un délit tous cris séditieux publiquement proférés.

Mais ce n'est pas en la forme seulement que la législation de 1822 divergea d'avec la législation de 1819 dans la codification du délit de cris séditieux. La peine prévue par son article 8 est celle de six jours à deux ans d'emprisonnement et une amende de seize francs à quatre mille francs.

Il a élevé le minimum de l'emprisonnement, il a abaissé le minimum de l'amende, mais il a cumulé les deux pénalités au lieu de les rendre alternatives.

Proférer des cris séditieux, c'est faire un acte, c'est agir, c'est inférer dommage à la sécurité publique, c'est commettre un délit de droit commun, c'est, dans tous les cas, se rendre coupable d'une infraction beaucoup plus grave que celle qui consiste à *troubler la tranquillité des habitants par des bruits ou tapages injurieux ou nocturnes* que le Code pénal range dans la catégorie des contraventions de police, passibles de cinq jours d'emprisonnement. (C. pén., 479, 480.)

Moins sévère que l'article 5 de la loi du 17 mai 1819, et que l'article 8 de la loi du 25 mars 1822, notre article 30 punit les cris séditieux de six jours à six mois de prison et d'une amende de 16 à 500 francs, ou de l'une de ces peines seulement. L'article 463 du Code pénal est étendu d'ailleurs par l'article 65 à tous les cas prévus par la loi nouvelle.

XXIV

Art. 31. — « La publication ou reproduction de nouvelles fausses, de pièces fabriquées, falsifiées ou mensongèrement attribuées à des tiers sera punie d'un emprisonnement d'un mois à un an et d'une amende de 50 à 1,000 francs ou de l'une de ces peines seulement, lorsque la publication ou reproduction sera de nature à troubler la paix publique et qu'elle aura été faite de mauvaise foi. »

Dans les conditions prévues par notre article 31, quand, à la fausseté de la nouvelle publiée ou reproduite se joint la mauvaise foi de l'agent et qu'en outre la publication de la nouvelle fausse est de nature à troubler la paix publique, le fait ainsi caractérisé est évidemment un délit de droit commun.

Cela est si vrai que le Code pénal n'a pas manqué de l'atteindre! Si la nouvelle fausse (faits faux ou calomnieux), *détermine une hausse ou une baisse sur les marchandises ou les effets publics*, la fausse nouvelle est punie par les articles 419 et 420.

Les lois spéciales ne s'y sont pas non plus montrées indifférentes : c'est ainsi que lorsque la fausse nouvelle aide à surprendre ou à détourner les suffrages électoraux, ou qu'elle détermine des abstentions, elle tombe sous le coup de l'article 40 du décret du 2 février 1852.

Quand la fausse nouvelle se renferme dans la limite des intérêts privés, si elle cause un préjudice, elle peut donner lieu à des réparations civiles.

Notre projet de loi laisse alors le fait dans le

---

(1) Nous ne pensons pas qu'à l'égard de la juridiction la loi du 29 décembre 1875 ait dérogé, par son article 6, à l'article 15 de la loi du 25 mars 1822.

domaine de la législation qui règle ces sortes de réparations, les articles 1149, 1150, 1151 et 1382 du Code civil.

Mais si elle est de nature à troubler la paix publique, comment ne serait-elle pas une action punissable? C'est avec juste raison que lorsqu'elle atteint ce degré de gravité, la loi du 27 juillet 1849 l'a considérée comme un délit et l'a frappée comme telle (1).

Publication, faite dans l'intention de nuire, de nouvelles ou de pièces que le publicateur sait être fausses ou fabriquées, falsifiées ou mensongèrement attribuées à des tiers et qui sont de nature à troubler la paix publique, voilà quels étaient les caractères essentiels du délit prévu et puni par l'article 4 de cette loi.

Le décret du 17 février 1852 est allé plus loin.

On voulait faire le silence partout et sur tout. Il fallait punir l'erreur, qui est toujours de bonne foi, et empêcher jusqu'aux plus insignifiantes indiscrétions.

On juxtaposa une contravention au délit, on dédoubla, pour ainsi dire, celui-ci et on arriva à composer l'article 15 du décret, qui est encore en vigueur aujourd'hui.

Voici comment les infractions et les pénalités étaient savamment graduées.

1° La fausse nouvelle est punie d'une amende de 500 à 1,000 francs, lorsqu'elle a été publiée sans mauvaise foi et lorsqu'elle n'est pas de nature à troubler la paix publique.

2° Elle est punie d'une amende de 500 à 1,000 francs et d'un mois à un an d'emprisonnement lorsque, publiée de mauvaise foi, elle n'est pas cependant de nature à troubler la paix publique, ou lorsque, de nature à troubler la paix publique, elle a été publiée de bonne foi.

3° Enfin le maximum de la peine sera appliqué si la publication est tout à la fois de nature à troubler la paix publique et faite de mauvaise foi, c'est-à-dire s'il y a délit.

Il est temps d'abroger ces contraventions et ces demi-délits et de revenir aux dispositions de la loi de 1849; c'est ce que nous vous proposons.

La reproduction sera, comme par le passé, nécessairement assimilée à la publication; mais il faudra prouver contre elle, comme contre la publication, qu'elle a été faite avec intention de nuire, par des personnes qui savaient que la nouvelle était fausse ou que les pièces étaient fabriquées, falsifiées ou mensongèrement attribuées à des tiers.

---

(1) « Vous avez mis des peines ..... pour la falsification des pièces ou nouvelles, vous avez eu raison. » Jules Grévy, 27 juillet 1849.

XXV

Outrage aux bonnes mœurs.

Ce délit est encore un délit de droit commun.

Toutes les législations le répriment.

Les deux plus libérales de toutes, celle des Etats-Unis et de l'Angleterre, sont également, de toutes, les plus sévères. Voici la législation des Etats-Unis.

L'acte du 3 mars 1873 punit d'un emprisonnement avec travail forcé de six mois à cinq ans pour chaque délit ou d'une amende de 100 à 2,000 dollars, la vente, la distribution, le colportage, l'annonce de toute publication obscène par le dessin ou par l'impression de tout objet d'un usage immoral, de toute drogue destinée à prévenir la conception ou à pourvoir à l'avortement (1).

« La presse des Etats-Unis a la licence sans avoir la liberté, dit Cucheval-Clarigny; elle sert d'organe à bien des calomnies mais à fort peu de vérités; elle a le courage de falsifier, de défigurer et elle n'a pas l'énergie d'exprimer des opinions qui ne seraient point agréables à certaines cliques et qui seraient contraires au courant des préjugés aveugles... Il est une justice à rendre aux journaux des Etats-Unis, ajoute l'auteur, c'est qu'ils sont généralement irréprochables au point de vue de la morale. Tout ce qui peut blesser une oreille délicate est soigneusement banni de leurs colonnes (2). »

Quant à la législation anglaise « un obstacle retarda quelque temps la punition de l'écrit obscène, dans lequel les bonnes mœurs étaient seules engagées, dit M. Bertrand. En vertu du principe de loi commune, qu'aucun écrit n'est considéré comme libelle s'il n'est dirigé contre une personne déterminée, on décida pendant longtemps qu'un écrit rempli d'obscénités n'était pas punissable d'après la loi commune, mais que l'auteur pouvait être contraint à donner caution de sa bonne conduite future, comme étant une personne de mauvaise renommée (Hawkoins).

« Cette jurisprudence, ajoute l'auteur, fut abandonnée dans la première année du règne de Georges II. La cour du banc du roi décida dans une espèce qui lui était soumise, que la publication d'un écrit constituait un délit (Tomlin, v° *Libel*). Aujourd'hui, d'après la loi commune, la mise en vente ou l'exposition publique d'écrits, imprimés, dessins, etc., obscènes est punie de l'amende ou de l'emprisonnement, avec travail forcé *à la*

---

(1) *Annuaire de la législation étrangère*, 1874, p. 403.

(2) Cucheval-Clarigny, *Histoire de la presse en Angleterre et aux Etats-Unis.*

discrétion de la cour, ou de ces deux peines réunies. (Voir aussi 13 et 15, Nicot, chap. 100 § 29 (1).

Notre législation, moins sévère à coup sûr, ne considère pas l'outrage aux bonnes mœurs comme moins répréhensible en soi.

Le Code civil place les bonnes mœurs au-dessus des stipulations (art. 6).

Le Code pénal punit, dans l'intérêt des bonnes mœurs, les actes matériels, les attitudes qui les offensent publiquement et en fait le délit d'outrage public à la pudeur.

L'outrage aux bonnes mœurs était, à l'origine, puni par l'article 287 du Code pénal (2). Mais, à la lecture de cet article, il est aisé de voir que les différentes formes sous lesquelles le délit pouvait se produire, ne tombaient pas sous son application. Le législateur de 1819 en fit l'objet d'une disposition particulière, dans la loi du 17 mai (art. 8) (3), et, depuis lors, il peut être justement réprimé, quelque soit le moyen de publication qui ait servi à le commettre.

La loi de 1819 n'ayant pas reproduit la fin de l'article 287, et cet article n'ayant pas été l'objet d'une abrogation spéciale, on paraît fondé à soutenir qu'aux peines de l'amende et de la prison doit s'ajouter celle de la confiscation des planches qui ont servi à l'impression des écrits ou des dessins incriminés, et des exemplaires imprimés ou gravés, qui, n'ayant encore reçu aucune publicité, ont pu concourir à l'accomplissement du délit.

A l'avenir, il n'y aura d'applicables au délit d'outrage aux bonnes mœurs que les dispositions qui seront contenues dans la loi nouvelle, et si l'outrage est commis par des dessins, des figures ou des images, il n'y aura de saisis, pour être détruits, que les exemplaires qui auront été exposés aux regards du public, mis en vente, colportés ou distribués.

<h2 style="text-align:center">XXVI</h2>

§ 3. — *Délits contre les personnes.*

Ici encore et ici surtout le projet de loi ne prévoit et ne punit que des actes délictueux d'après le droit commun.

---

(1) *Le Régime légal de la Presse en Angleterre.*
(2) « Toute exposition ou distribution de chansons, pamphlets, figures ou images contraires aux bonnes mœurs, sera punie d'une amende de 16 à 500 francs, d'un emprisonnement d'un mois à un an, et de la confiscation des planches et des exemplaires imprimés ou gravés de chansons, figures ou autres objets du délit. »
(3) *Article 8 de la loi du 17 mai 1819.* — « Tout

Le § 3 ne traite en effet que de la diffamation et de l'injure.

L'article 33 qui ouvre ce paragraphe définit la diffamation et l'injure. Cette définition est empruntée à l'article 13 de la loi du 17 mai 1819. On ne saurait mieux dire.

La loi générale réprimait déjà, dans une certaine mesure, et dans certaines conditions, l'abus de la parole ou de la presse commis au détriment des personnes, par exemple, les articles 222 et suivants du Code pénal, si l'abus intéresse une catégorie déterminée de fonctionnaires publics, les articles 367 et suivants, ainsi que les articles 471, 474 du même Code, si les intéressés sont de simples particuliers, et 5, § 5, de la loi du 25 mai 1838 sur les justices de paix, qui règle un point de juridiction.

Ces diverses dispositions suffisent-elles à protéger les citoyens contre les écarts de la presse ou de la parole? Évidemment non.

En effet, l'article 222 du Code pénal ne prévoit que le cas où un magistrat de l'ordre administratif ou judiciaire ou bien un juré a reçu, dans l'exercice de ses fonctions ou à l'occasion de cet exercice, quelque outrage par paroles, par écrit, ou dessin non rendu public, tendant à inculper leur honneur ou leur délicatesse.

Le délit s'aggrave, aux termes du § 2 de cet article, si l'outrage a eu lieu à l'audience d'une cour ou d'un tribunal. Il devient public dans ce cas-là; la publicité de l'outrage ajoute à la gravité du délit.

L'article 223 est relatif à l'outrage par gestes ou menaces commis envers les mêmes personnes, dans les mêmes conditions.

L'article 224 punit l'outrage fait par paroles gestes ou menaces, à tout officier ministériel ou agent dépositaire de l'autorité publique, ou à tout citoyen chargé d'un service public, dans l'exercice ou à l'occasion de l'exercice de ses fonctions.

L'article 225 prévoit l'outrage qui serait, dans les mêmes circonstances, dirigé contre un commandant de la force publique.

Il n'est question, dans ces dispositions, que de l'outrage par écrit non public, ou de l'outrage par paroles, gestes ou menaces, public ou non public, tendant à inculper l'honneur ou la délicatesse de personnes désignées et reçu par elles dans l'exercice ou à l'occasion de l'exercice de leurs fonctions.

Les articles 222 et surtout 223, 224 et 225 supposent la présence de la personne insultée.

---

outrage à la morale publique et religieuse ou *aux bonnes mœurs* par l'un des moyens énoncés en l'article 1er, sera puni d'un emprisonnement d'un mois à un an, et d'une amende de 16 à 500 francs. »

Si l'outrage, l'injure ou la diffamation ont été commis en dehors de l'exercice des *fonctions* ou dans toute autre occasion, s'il s'agit d'un outrage, d'une injure, d'une diffamation par écrit, par dessin rendus publics, ou ne rentrant pas dans la catégorie des outrages, des injures, des diffamations qui inculpent l'honneur ou la délicatesse, les articles 222, 223, 224 et 225 ne sont pas applicables.

Les articles 367, 368, 369, 370, 371, 372, qui ont été abrogés par l'article 26 de la loi du 17 mai 1819 et qui revivraient par le fait de l'abrogation de cette loi elle-même, ne sont pas moins insuffisants.

En effet, l'article 367, qui punit le délit de calomnie, n'est relatif qu'à l'imputation de faits qui, s'ils étaient vrais, exposeraient la personne à qui ces faits seraient reprochés à des poursuites criminelles ou correctionnelles, ou l'exposeraient au mépris ou à la haine des citoyens.

Bien que la calomnie ainsi définie se rapproche de la diffamation, il n'y a pas néanmoins identité de caractères.

1° Les seuls faits que retienne l'article 367 sont ceux qui exposent la personne calomniée à des poursuites criminelles ou correctionnelles, ou bien au *mépris ou à la haine* de ses concitoyens.

Sans aller jusque-là, le tort, le dommage causé par une imputation, peut être encore assez grave, et l'auteur de cette imputation condamnable, si la personne contre laquelle elle est dirigée en souffre dans son crédit, dans sa considération, dans sa renommée.

La diffamation délictueuse va jusque-là.

2° La calomnie suppose la vérité de l'imputation. La diffamation existe, que le fait imputé soit vrai ou faux ; elle est punissable en principe parce qu'elle suppose, de la part de l'auteur de l'imputation, l'intention de nuire à la personne diffamée.

M. de Serre n'avait fait que rajeunir l'opinion de Dareau, quand, dans l'exposé des motifs de sa loi, il s'exprimait ainsi : .

« Un seul point dans ce chapitre nous paraît exiger quelque observation particulière, c'est la substitution du mot diffamation au mot calomnie jusqu'ici employé par nos lois. Les motifs qui nous y ont déterminé sont simples. Le terme de calomnie, dans son sens vulgaire, qu'il est impossible d'effacer dans l'esprit des hommes, emporte avec soi l'idée de la fausseté des faits imputés. Une publication n'est donc réellement calomnieuse que lorsque les faits qu'elle contient sont faux. Cependant tous les législateurs ont senti qu'il est impossible d'autoriser tout individu à publier, sur le compte d'un autre, des faits dont la publication causerait à ce dernier un dommage réel, fussent-ils d'ailleurs vrais.

Pour remédier à cet inconvénient, ils ont attribué au mot calomnie un sens légal autre que son sens naturel et vulgaire en déclarant que quiconque ne pourrait fournir par actes authentiques la preuve légale des faits par lui attribués à autrui serait réputé calomniateur ; mais comme en attribuant aux mots un certain sens, on ne change pas celui qu'ils ont réellement dans le langage, il est souvent résulté de là, entre la loi et l'opinion, entre le droit et le fait, une discordance fâcheuse. La substitution du mot diffamation au mot calomnie fait disparaître, du moins en partie, cet embarras. La diffamation n'implique pas nécessairement la fausseté des faits, elle dénote d'une part l'intention de nuire, de l'autre le dommage causé ! Ainsi, aux termes de la définition contenue dans l'article, une publication qu'il y aurait une sorte de contre-sens à déclarer calomnieuse pourra fort bien et très-justement être condamnée comme diffamatoire. »

L'article 368 admet comme motif d'absolution la vérité de l'imputation ; mais cette vérité ne peut résulter que de la preuve légale, c'est-à-dire celle qui résulterait d'un jugement ou de tout autre acte authentique (art. 370). Cette disposition est trop large et trop restrictive à la fois. Elle est trop large quand l'auteur de l'imputation a agi non dans un intérêt public, mais dans l'intérêt exclusif de ses rancunes et de ses passions.

La disposition de l'article 368 est trop restrictive, au contraire, quand l'imputation est dirigée contre un fonctionnaire public et a pour but ou pour résultat de dévoiler des faits d'infidèle gestion.

Si la loi du 17 mai 1819 à laquelle notre projet a emprunté la définition de ce délit, si cette loi en indique, ainsi que le fait observer M. Chassan, les caractères constitutifs, on trouve l'expression de diffamation dans la législation antérieure, dans les articles 41 et 73 du décret du 15 novembre 1811, relatif au régime universitaire. Elle figure aussi, dit M. Chassan, « dans notre ancienne jurisprudence et dans un projet de loi de l'an V. Elle y est employée à peu près dans le même sens que lui attribue l'article 13 de la loi du 17 mai 1819. « Diffamation, dit Dareau (1) c'est l'action de diffamer quelqu'un, de porter atteinte à son honneur et à sa réputation. Elle peut s'exercer de différentes manières, par des propos, par des écrits, par des peintures. *La médisance et la calomnie peuvent être l'une et l'autre la base de la diffamation*, car on peut nuire à quelqu'un en publiant le mal qu'on sait comme en publiant celui qu'on imagine. »

---

(1) Dareau a publié, en 1775, un *Traité des injures dans l'ordre judiciaire.*

L'article 369 est inutile.

L'article 370 restreint, ainsi que nous venons de le voir, les moyens de prouver la vérité de l'imputation diffamatoire, même alors qu'elle est dirigée contre des fonctionnaires publics à raison d'actes de leurs fonctions.

L'article 371 est la conséquence de l'article 370.

L'article 372 est reproduit par l'article 25 de la loi du 26 mai 1819.

L'article 38 de notre projet y fait une modification importante que nous nous réservons de signaler à l'occasion de cette disposition.

Les articles 373 et 374 ne sont relatifs qu'à la dénonciation calomnieuse.

Ils supposent : 1° le fait d'une dénonciation écrite régulièrement et directement adressée aux officiers de justice et de police administrative ou judiciaire ;

2° Une décision définitive constatant la fausseté de la dénonciation.

Il ne s'agit plus là d'outrage, d'injure, de diffamation.

Quant aux articles 375 et 376 du Code pénal, ils sont relatifs aux injures que punit aussi l'article 471 du même Code.

La loi du 17 mai 1819 les a plutôt remplacés par les articles 19 et 20 qu'elle ne les a abrogés par l'article 26.

Ces dispositions, déjà maintenues par la loi du 17 mai 1819, sont maintenues par notre projet de loi. Elles n'ont rien de contraire, ni à la loi d'hier, ni à celle de demain.

Notre projet en accepte le principe, mais il en simplifie le système en réduisant les classifications.

Enfin, en ce qui concerne l'article 5 de la loi du 25 mai 1838 sur les justices de paix, cette disposition ne règle que l'action civile et lorsqu'il s'agit du fait de diffamation verbale seulement ou lorsqu'il s'agit d'injures publiques ou non publiques, verbales ou par écrit, mais autrement que par la voie de la presse.

Il est manifeste que cette disposition toute juridictionnelle ne touche qu'un côté très-restreint de la question.

Ainsi se trouve justifiée la nécessité juridique de pourvoir à la répression de la diffamation et de l'injure, nécessité à laquelle ni les articles 367, 368, 369, 370, 371, 372, 375 et 471 du Code pénal, ni l'article 5 de la loi du 25 mai 1838 sur les justices de paix, qui n'est qu'une application spéciale et réduite de l'article 1382 du Code civil, n'ont donné satisfaction.

C'est à cette nécessité que répondent les articles 33, 34, 35, 36, 37, 38 de notre projet de loi (§ 3 du chapitre IV).

Art. 33. — Cet article définit la diffamation et l'injure.

Il est emprunté à la loi du 17 mai 1819, au § 1er de l'article 13 pour la diffamation, au § 2 pour l'injure. Pas d'observation.

Art. 34, 35, 36, 37. — Ces dispositions édictent les peines applicables.

Nous nous sommes demandé si la diffamation, telle qu'elle est définie par notre projet de loi, doit encourir des peines correctionnelles, c'est-à-dire d'autre responsabilité que celle de l'article 1382 du Code civil, ainsi que certains l'ont soutenu. Nous n'avons pas hésité à le penser ainsi.

L'injure est punissable, selon la loi commune article 471, n° 15 du Code pénal, même quand elle n'est pas publique.

La calomnie l'était selon les articles 367 et 368 du même Code.

Pourquoi la diffamation ne le serait-elle pas ?

La loi commune punit les coups et blessures, elle les punit alors même qu'ils ne sont que le résultat de l'imprudence ; elle complète ainsi, dans ce cas, par des réparations pénales, la réparation civile dont le principe général est posé dans les articles 1382 et 1383 du Code de 1807.

Comment la diffamation qui blesse un citoyen dans son honneur, dans la considération dont il peut jouir, dans son crédit, dans l'honneur, dans la considération, dans le crédit dont jouissent les siens, pourrait-il n'encourir que des réparations civiles, négatives, s'il est insolvable ? « Il y a souvent peu de différence, écrivait en 1775 l'auteur du *Traité des injures judiciaires*, entre assassiner quelqu'un et lui ravir l'honneur. » (Dareau, *Répertoire de jurisprudence*, v° *Diffamation*, p. 589).

Toutes les législations ont sévi et sévissent contre la diffamation, que la diffamation soit orale ou qu'elle soit écrite, pourvu qu'elle ait été publique.

La loi belge, par son article 444, la punit de huit jours à un an de prison et d'une amende de 20 fr. à 200 fr. ; le projet de révision, article 11, élève à 500 fr. le maximum de l'amende.

Cet article fait consister la publicité dans la seule communication d'un écrit à plusieurs personnes.

D'après la loi anglaise l'écrit injurieux qui, avec intention mauvaise, attaque les autorités, qui outrage la religion et les bonnes mœurs, et même *qui diffame un particulier* constitue un délit contre la paix publique. Il est qualifié de *libel* (1).

C'est de certains auteurs de *libel* que l'historien

____

(1) Bertrand, *Régime légal de la Presse en Angleterre.*

de la *Révolution française* a dit : « Pendant les années qui précédèrent la Révolution, il existait à Londres un amas d'hommes impurs, aux mains de qui la plume était un stylet, rebut de peuples divers, vils lansquenets de la littérature qui, se nourrissant du fiel des libelles, avaient toujours des scandales à mettre en vente et vivaient de la lâcheté de ceux que menaçaient leurs diffamations et leurs calomnies ». (Louis Blanc, *Histoire de la Révolution française.*)

Au lieu d'absoudre la diffamation écrite, la loi anglaise innocente la diffamation par la parole et ne condamne que la diffamation par l'écriture ou par la presse.

L'impuissance de la Presse ne lui a pas encore apparu comme une vérité expérimentale.

« Les Anglais, dit M. Bertrand, ne pensent pas que la parole soit, à cet égard, un instrument de publication aussi redoutable que l'écriture ou la presse ; ils laissent impunie, si elle ne rentre pas dans les catégories établies par la loi en matière d'offense verbale, l'injure qui constituerait un délit ou fonderait une action si elle était écrite ; qui vous appelle escroc n'a rien à craindre ; qui vous l'écrit s'expose à des dommages-intérêts, voire même à l'amende et à la prison. Tomlin, v° *Libel*, cite le procès intenté en 1708 par une jeune dame de qualité qui obtint 4,000 livres sterlings de dommages-intérêts pour réflexions sur sa chasteté publiées dans un journal, elle qui n'avait pu intenter une action pour les plus grossières injures proférées verbalement contre elle quelques jours auparavant. »

En Angleterre, la diffamation est le délit qui sollicite le plus la sévérité du législateur, à en juger par les distinctions et les sous-distinctions admises dans la pratique.

— « Celui qui déclare avoir entendu dire par une personne qu'il nomme qu'un tel a fait telle chose n'est pas condamné, dit Chassan, s'il est poursuivi en justice, lorsqu'il prouve que l'individu qu'il a nommé le lui a dit effectivement. Mais s'il affirme ou allègue, d'une manière générale, qu'il a ouï tenir le propos, sans en nommer l'auteur, il doit être condamné, lors même qu'il prouverait que le propos a été réellement tenu.

« Toutefois le moyen pris de la désignation de l'auteur du propos et de la preuve qu'il l'a tenu n'est pas admis, s'il est prouvé que le propagateur de l'imputation en connaissait la fausseté lorsqu'il l'a communiquée. Il n'est plus admissible lorsque l'indication de l'auteur de l'imputation a eu lieu après les poursuites.

« S'il s'agissait d'un libelle, il ne suffirait pas d'en nommer l'auteur pour être justifié. Cette manière de décider peut être rationnelle en Angleterre où la loi distingue entre la diffamation parlée et la diffamation écrite.

« Il ne peut en être ainsi dans notre législation.

« Dans le système de notre législation, en effet, le délit consiste dans la publication et c'est dès lors celui qui publie le fait ou le propos qui est coupable légalement et non celui qui a raconté le fait ou tenu le propos sans les publier (1).

La législation anglaise est moins concise que la législation belge, mais plus juste peut-être, parce qu'elle distingue la diffamation publique parlée, de la diffamation publique écrite.

Notre projet est, nous osons dire, plus clair sans être plus sévère que l'une ou l'autre de ces deux législations.

Pas plus que les Anglais et les Belges, nous n'absolvons la diffamation, et nous n'établissons en principe aucune distinction entre la diffamation parlée (*stander*) et la diffamation écrite. *Scribere est agere.*

Nous laissons la justice faire son œuvre dans la limite et avec la latitude que lui offre la gradation des pénalités qu'édicte notre loi.

Ces pénalités varient selon certaines distinctions qui nous ont paru des plus rationnelles.

Les articles 34, 35 et 36 répriment la diffamation seulement.

L'article 37 punit l'injure.

La diffamation est plus ou moins grave selon qu'elle est dirigée contre des corps constitués, parmi lesquels nous avons compris, pour faire cesser toute controverse dans la pratique, l'armée et les administrations publiques, ou qu'elle s'adresse à certains fonctionnaires publics, à des ministres des cultes, à des citoyens chargés d'un service ou d'un mandat public, temporaire ou permanent, un juré ou un témoin à raison de sa déposition, ou qu'elle ne concerne que des particuliers.

Dans la première hypothèse, prévue par l'article 34, comme dans la seconde prévue par l'article 35, la peine est celle d'un emprisonnement de huit jours à un an et d'une amende de 100 à 3,000 francs, ou de l'une de ces deux peines seulement.

Dans la troisième, celle de l'article 36, la peine prononcée est réduite de cinq jours à six mois d'emprisonnement, et d'une amende de 25 à 2,000 francs, ou l'une de ces deux peines seulement.

La peine est celle de six jours à trois mois d'emprisonnement si l'injure est commise publiquement envers les corps ou les personnes désignés par les articles 34 et 35 ; elle est réduite de cinq jours à deux mois et d'une amende de 16 à

____

(1) Chassan, t. I, p. 337, 378.

300 francs, si elle est commise envers les particuliers (1).

Quand l'injure n'est pas publique, la peine est celle de l'article 471 du Code pénal.

1re observation. — Le projet ne punit que la *diffamation ou l'injure* dans les cas prévus par le § 3. — Il n'emploie l'expression d'outrage que dans le § 2, dont nous avons déjà exposé les motifs, et dans le § 4 qui va suivre.

Nous avons obéi à l'intention de simplifier sans cesser d'être méthodique.

2e observation. — Nous avons fait disparaître en fait d'injure toutes distinctions entre l'injure qui renferme l'imputation d'un vice déterminé et celle qui ne la renferme pas.

La seule différence que nous avons voulu établir en fait d'injure, c'est celle résultant de la publicité.

3e observation. — Nous avons admis, en matière d'injure commise envers les particuliers, l'excuse de la provocation, même alors que l'injure serait publique; la législation actuelle n'admet cette excuse que lorsque l'injure n'est pas publique (art. 471).

La publicité de la provocation nous a paru compenser la publicité de l'injure : *parva delicta mutua compensatione tolluntur.*

4e observation. — L'injure non publique, sans autre distinction, n'est punie que des peines de simple police, prévues par l'article 471, n° 11 du Code pénal.

XXVII

Art. 38. — Cet article du projet renferme trois dispositions liées les unes aux autres, et qui règlent un des points les plus importants de la législation en matière d'injure, d'outrage ou de diffamation, la question d'admissibilité de la preuve de la vérité de l'imputation.

La question n'a d'intérêt que s'il s'agit de diffamation, non d'injure ou d'outrage.

L'injure ne renferme, de sa nature, l'imputation d'aucun fait précis : il n'y a, dans ce cas, rien à prouver que l'injure elle-même.

L'outrage a avec l'injure la plus grande analogie, il est seulement plus grave, il implique une sorte de violence dans l'acte ou dans l'expression. La vérité du fait auquel il ferait allusion ne fait pas disparaître entièrement le délit, que la vérité du fait, en matière de diffamation, doit, dans notre système, absolument effacer.

Reste la diffamation proprement dite ; c'est en cette matière que la question se présente et qu'elle doit être résolue.

Nous avons accepté le système adopté par la loi du 26 mai 1819.

On sait que les articles 20, 21, 22, 23 et 24 de cette loi furent abrogés par l'article 18 de la loi du 25 mars 1822, remis en vigueur par celle du 27 juillet 1849, abrogés de nouveau par le décret du 17 février 1852, rétablis par l'article 3 de la loi du 15 avril 1871 et maintenus par l'article 6 de la loi du 29 décembre 1875.

Dans ce système, la preuve de la vérité des faits diffamatoires est admise dans le cas où la diffamation est commise envers les corps constitués ou les citoyens qui exercent des fonctions publiques ou qui ont agi dans un caractère public. Elle est au contraire refusée, hormis dans certains cas fort restreints et que nous allons préciser, quand la diffamation est commise envers des particuliers.

C'est l'admissibilité de la preuve dans cette dernière hypothèse qui seule a fait, la plupart du temps, difficulté.

La question préoccupa vivement l'auteur de l'exposé des motifs de la loi du 26 mai 1819.

M. de Serre, que nous citons souvent parce qu'il avait devancé en libéralisme les hommes les plus avancés de son temps (1), ne se dissimulait pas tout ce que l'interdiction de faire la preuve avait d'étroit et d'anormal. « Le système de la preuve, dit l'exposé des motifs, est dans le vrai le seul qui soit capable de satisfaire pleinement l'honnête homme calomnié. Le calomniateur, prié inutilement de prouver ses imputations, n'a plus la ressource de ses subterfuges ordinaires. Il ne peut plus dire qu'il a cédé trop inconsidérément à la force de la vérité, à un juste sentiment d'indignation, et que si le jugement devait dépendre de l'exactitude des faits, il lui serait facile de montrer son innocence en prouvant beaucoup plus devant les juges qu'il n'a avancé contre la partie qui le poursuit. Il ne peut

---

(1) Les peines édictées par les lois de 1819 et 1822 étaient les suivantes : Diffamation ou injure envers les corps constitués, 15 jours à 2 ans de prison, 150 à 5,000 francs d'amende. (25 mars 1822, art. 5.)
Diffamation envers tout dépositaire ou agent de l'autorité publique, 8 jours à 18 mois de prison, 50 à 3,000 francs d'amende. (17 mai 1819, art. 16) Injure envers les mêmes, 5 jours à un an de prison, 25 à 2,000 francs d'amende (17 mai 1819, art. 19).
Diffamation envers les particuliers, 5 jours à un an de prison, 25 à 2,000 francs d'amende. (17 mai 1819, art. 18.) Injure envers les mêmes, 16 à 200 francs d'amende.

(1) Crémieux disait de M. de Serre, à la tribune de la Chambre, en 1870 : « J'ai connu M. de Serre, il était aussi libéral que moi, et je l'étais beaucoup ! » Crémieux faisait allusion à 1819 plus qu'à 1822.

alléguer mille présomptions dont la malignité ne manque jamais de s'emparer et de faire son profit. En un mot, forcé dans son dernier retranchement, la justice éclatante et non équivoque de sa condamnation répare entièrement l'honneur de l'offensé, au lieu d'y ajouter une nouvelle atteinte, comme il arrive dans ces sortes de cause.

« ...Avouons-le, messieurs, continue l'auteur de l'exposé des motifs, ce système suppose des mœurs plus fortes, plus mâles, de véritables mœurs publiques enfin. Mais serait-il accueilli par un peuple doué d'une susceptibilité jalouse sur tout ce qui touche à l'honneur et à la considération, par un peuple qui aime la liberté mais qui abhorre le scandale? Supporterions-nous l'idée de mettre au jour notre vie privée, de dévoiler nos relations les plus intimes, souvent nos plaies les plus douloureuses et les plus secrètes, à la première parole offensive? Ne verrions-nous pas là un appât présenté à la médisance, une arène ouverte à la licence et à la malignité? Telle est la crainte qui nous a déterminé à vous proposer d'interdire la preuve. »

Votre commission vous le propose également.

Si la faculté de faire la preuve tient au droit de défense; si la preuve testimoniale n'est restreinte qu'en matière civile; si, en matière criminelle, elle doit être la règle générale, il faut cependant reconnaître qu'en matière de diffamation, c'est, au contraire, l'exception qui doit devenir la règle. La raison en est bien simple, c'est que la diffamation, à la différence de la calomnie, n'implique pas la fausseté du fait diffamatoire.

Or si, malgré la vérité du fait, la diffamation est un délit, ce que nous avons admis déjà, la preuve de la vérité du fait ne saurait être autorisée; ce serait diffamer deux fois que de prouver que le fait diffamatoire est constant.

L'admissibilité de la preuve est tellement anormale, en cette matière délicate, que le Code de 1810 ne l'admettait que si elle résultait d'un jugement ou d'un acte authentique ; c'était presque l'interdire (1).

---

(1) Dans tout État bien policé, disait Dareau, il n'est nullement permis, comme on peut le penser, aux citoyens de se diffamer les uns les autres. La tranquillité publique exige qu'ils se respectent entre eux; autrement, l'injure deviendrait la source des excès et des désordres les plus grands. *N'importe que la diffamation ait la vérité du fait pour principe : si, sous prétexte qu'on ne dit que la vérité, il était libre de divulguer ce qu'on sait sur le compte d'autrui, ce prétexte donnerait lieu à des discordes et à des haines perpétuelles.* » (MERLIN. *Répertoire de Jurisprudence*, v° *Diffamation*, t. IV, p. 589).

Constatons en terminant, contrairement à une des observations de l'*exposé des motifs* de 1819 que l'admissibilité de la preuve n'est pas un principe qui se cantonne dans la législation de tel ou tel peuple, selon que les mœurs y sont plus ou moins vigoureuses et fortes.

La législation anglaise, la législation belge interdisent, comme le faisaient partiellement le Code de 1810 et la loi du 26 mai 1819, la preuve des faits diffamatoires quand la diffamation ne concerne que de simples particuliers.

En principe, la loi anglaise est extrêmement sévère contre le *libel* qui représente absolument l'idée que nous avons en France, de la diffamation. *Le libel, c'est la diffamation par écrit.* Les mêmes éléments constituent le délit : 1° l'expression; 2° l'intention; 3° la publication.

Quant à la pénalité, la loi dispose (section 3) : « Quiconque, directement ou indirectement, aura publié *ou menacé de publier* un écrit diffamatoire contre un individu... ou lui aura proposé de s'abstenir d'imprimer ou publier ledit écrit... ou offert d'en prévenir l'impression ou la publication... dans l'intention d'extorquer de lui ou d'un autre, de l'argent ou un billet... ou un profit quelconque... sera condamné à l'emprisonnement, avec ou sans travail forcé, pour trois ans au plus. »

Section 4. — « Quiconque publiera un écrit diffamatoire, sachant que les imputations qu'il contient sont fausses, sera condamné à une peine d'emprisonnement qui ne pourra dépasser deux ans et *à l'amende à la discrétion de la cour.* »

Section 5. — « Quiconque publiera méchamment un écrit diffamatoire sera condamné à l'amende ou à l'emprisonnement, ou aux deux peines à la fois; celle de l'emprisonnement ne pourra dépasser un an. » (M. Bertrand, *Régime légal de la Presse en Angleterre.*)

Les deux dispositions qui précèdent répondent aux deux idées de *calomnie et de diffamation.*

Elles indiquent déjà que la preuve de la vérité du fait diffamatoire n'est pas admise par la loi anglaise, d'une façon générale et absolue.

Nous lisons en effet dans l'excellente monographie que nous venons de citer : « Aujourd'hui, le défendeur d'une poursuite criminelle peut se faire autoriser à produire la preuve de la vérité des faits. Mais il faut qu'auparavant il articule le fait déterminé ou la raison de laquelle il résulte que la société était intéressée à ce que les faits fussent publiés. »

« Le plaignant a le droit de répliquer en niant le tout. En cas de condamnation, la cour, délibérant sur l'application de la peine, peut examiner si la faute de l'écrivain a *été atténuée ou aggravée par son système de défense.*

« En ce qui concerne l'action civile, aujourd'hui

comme autrefois, le particulier n'obtient pas de dommages-intérêts contre celui qui l'a simplement diffamé. Il ne peut obtenir de réparation que si la diffamation l'a calomnié. »

Le plaignant a l'option entre l'action civile et l'action criminelle, il ne peut demander des dommages-intérêts que par l'action civile.

C'est dans cette hypothèse que le prévenu peut soutenir et prouver que les faits sont vrais pour échapper à toute condamnation en des dommages-intérêts.

En résumé, d'après la loi anglaise , la preuve des faits diffamatoires n'est autorisée que si le plaignant a mis en mouvement l'action civile et demandé des dommages-intérêts.

En matière de poursuites criminelles, la preuve n'est autorisée que si la société était intéressée à ce que les faits diffamatoires fussent publiés.

Nous reviendrons dans un instant sur ces distinctions.

La loi belge s'écarte de la loi anglaise et se rapproche de la nôtre.

La preuve n'est autorisée que s'il s'agit de diffamation envers toute autre personne qu'un simple particulier.

Le Code pénal autorise dans ce dernier cas la preuve légale, celle qui résulterait d'un jugement ou de tout autre acte authentique, absolument comme notre Code de 1810 ; mais le projet de révision tend à modifier cette disposition et à adopter purement et simplement le système de la loi du 26 mai 1819, article 20.

« Le prévenu, dit l'article 447 du Code pénal belge, d'un délit de calomnie pour imputations dirigées, à raison de faits relatifs à leurs fonctions soit contre les dépositaires ou agents de l'autorité ou contre toute personne ayant un caractère public, soit contre tout corps constitué, sera admis à faire, par toutes les voies ordinaires, la preuve des faits imputés, sauf la preuve contraire par les mêmes voies.

« S'il s'agit d'un fait qui rentre dans la vie privée l'auteur de l'imputation ne pourra faire valoir pour sa défense aucune autre preuve que celle qui résulte d'un jugement ou de tout autre acte authentique. »

Le projet de révision, article 12, dit : « Nul ne sera admis à prouver la vérité des faits diffamatoires ou injurieux ; néanmoins les imputations dirigées, à raison de faits relatifs à leurs fonctions contre toute personne ayant agi dans un caractère public ou contre tout corps constitué pourront être prouvées par toutes les voies ordinaires, sauf la preuve contraire par les mêmes voies. »

C'est la reproduction, sinon dans la forme, tout au moins dans le fond, de l'article 20 de la loi du 26 mai 1819.

C'est notre article 38. « La vérité du fait diffamatoire pourra être établie, par toutes sortes de preuves, dans le cas où la diffamation est commise, soit envers l'un des corps indiqués dans l'article 34 , soit envers les personnes indiquées dans l'art. 35, mais seulement dans les cas où elle porte sur des faits relatifs à leurs fonctions, ministère, mandat, service ou déposition. »

Il y va d'un intérêt de premier ordre que toute personne, qu'il s'agisse de personnalités collectives ou d'individualités, exerçant une fonction publique ou chargée d'un mandat ou d'un service public réponde de sa fidélité, de sa loyauté dans la gestion de cette fonction, dans l'accomplissement de ce mandat, ou dans l'exécution de ce service.

C'est dans cette hypothèse que la loi anglaise considère l'auteur du *libel* comme ayant agi dans l'intérêt de la société et qu'elle autorise la preuve de la vérité des faits en matière criminelle.

C'est dans cette hypothèse que la loi belge l'autorise comme nous l'autorisons.

Il a fallu la réaction de 1814 et celle de 1852 pour que le Pouvoir d'alors ait fait échec à ces règles d'intérêt public, dans la crainte que ses agents ne fussent contrôlés par l'opinion publique.

XXVIII

En dehors des cas prévus par le § 1er de notre article 38, nous ne proposons d'autre exception à l'interdiction de la preuve que celle du § 2 ainsi conçue : « *La vérité du fait diffamatoire* pourra être également établie à l'égard de toute personne lorsque le fait est passible, en le supposant prouvé, d'une peine quelconque et que le prévenu aura été lésé par le fait imputé. »

Quelques explications sont ici nécessaires.

La loi du 26 mai 1819, par son article 25, encore en vigueur, et que nous abrogeons comme tout le reste, dispose : « Lorsque les faits imputés seront punissables selon la loi, et qu'il y aura des poursuites commencées à la requête du ministère public, ou que l'auteur de l'imputation aura dénoncé ces faits, il sera, durant l'instruction, sursis à la poursuite et au jugement du délit de diffamation. »

Cette disposition ne nous a pas paru devoir être conservée pour plusieurs raisons.

1° Les poursuites commencées à la requête du ministère public ne doivent pas autoriser la diffamation, c'est-à-dire la publication des faits qui y donnent lieu. Ces poursuites doivent, au contraire, imposer la réserve que commandent les premières investigations des informations criminelles.

2° Quant à la dénonciation de la part de l'auteur de l'imputation, de deux choses l'une : ou elle aura précédé la divulgation ou elle l'aura suivie. Si elle l'a précédée, la divulgation était de reste, elle ne peut plus être qu'un prétexte à diffamation; ou elle l'aura suivie, et, dans ee cas, en quoi peut-elle atténuer la diffamation elle-même?

Si l'auteur de l'imputation avait obéi au seul mobile de l'intérêt général, aux susceptibilités d'un sentiment généreux, au désir de provoquer une juste répression, il n'aurait eu qu'à dénoncer régulièrement les faits délictueux ou criminels au lieu de les jeter préalablement au vent de la renommée, de les livrer en pâture à l'animadversion ou à la malignité publiques.

Alors qu'il peut suffire à qui est animé de l'intention de nuire, d'être diffamateur ou dénonciateur, il est difficile de comprendre que celui-là prenne à tâche d'être diffamateur et dénonciateur tout à la fois.

3° Mauvaise en principe, la disposition de l'article 25 de la loi du 26 mai 1819 a rencontré dans la pratique les plus grandes difficultés, les plus vives controverses.

Ainsi, par exemple, la personne diffamée a porté plainte contre le diffamateur; elle a saisi la justice civile et criminelle. Le prévenu excipe de poursuites commencées par le ministère public.

Le tribunal surseoit. Très-bien; mais pendant combien de temps, nul ne le sait, nul ne peut le savoir. Le sursis peut durer toujours, car la prescription de l'action en diffamation est suspendue par le sursis lui-même, et la prescription de l'action engagée par le ministère public contre le demandeur en diffamation, qui devient prévenu, peut être interrompue par des actes de poursuite successifs.

Si, au contraire, des poursuites n'ont pas été commencées et que le prévenu du délit de diffamation dénonce les faits qu'il a divulgués au public, le tribunal surseoit encore. Parfaitement. Pendant combien de temps, nul ne le sait, nul ne peut le savoir; le ministère public peut refuser d'agir (1), ou s'il agit il peut agir mollement, se hâter avec lenteur. Le sursis sera indéfini sans que le demandeur et le défendeur en diffamation, même en se concertant, puissent fermer cette parenthèse judiciaire.

Supposons maintenant que le ministère public ait agi, soit d'office soit sur la dénonciation de la partie, quelles sont les garanties que l'information donne au demandeur en diffamation et à son adversaire, à son adversaire surtout? Le demandeur, lui, est poursuivi. Il peut, dans une certaine mesure, en indiquant ses témoins, les faire entendre par le juge d'instruction si le magistrat le veut bien; mais le prévenu en diffamation n'a aucune espèce de moyen d'éclairer la religion du magistrat instructeur; il n'est pas partie dans l'instruction qui se poursuit. Il peut même n'avoir aucune qualité pour se constituer partie civile si le fait criminel ou délictueux ne l'intéresse pas.

Supposons enfin l'information terminée et qu'il y ait lieu à jugement, le tribunal saisi acquitte ou condamne. S'il condamne, il y a, il est vrai, chose jugée profitant au prévenu de diffamation; mais s'il y a acquittement, comment et en vertu de quel principe cet acquittement pourrait-il lui être opposé?

Que de difficultés, que de troubles! Et pourtant il s'agit de matière criminelle où la clarté devrait éclater à tous les regards!

4° Ce n'est pas tout, le sursis est vidé par un jugement de condamnation qui a, par cela même, constaté la vérité des faits diffamatoires. L'acquittement du prévenu de diffamation sera-t-il la conséquence de la condamnation prononcée au criminel contre son adversaire. La loi se tait. Qu'en est-il de la doctrine et de la jurisprudence? Oui, d'après Chassan, t. II, p. 471, de Grattier, 1, p. 498, Bordeaux, 14 av. 1833, s'il n'y a pas eu intention coupable. — Non, C. cass., 21 avril 1821; Montpellier, 22 novembre 1841; Dalloz, v° *Presse*, n° 1760.

Le projet de révision du Code pénal belge, qui a emprunté son article 12 § 2 à l'article 25 de la loi du 26 mai 1819, n'est pas plus explicite à cet égard que cette dernière disposition. Il est même à remarquer que, dans le projet de révision de la loi belge, la preuve légale de la vérité des faits imputés, même aux fonctionnaires publics, ne met l'auteur de l'imputation à l'abri de condamnation que s'il a agi dans un intérêt public (1).

Ainsi se trouve justifiée l'abrogation que nous avons cru devoir faire de l'article 25 de la loi du 26 mai 1817; nous y avons substitué une règle bien simple : elle tient compte dans une certaine mesure de l'intérêt public, elle le concilie avec l'intérêt privé. Ces deux intérêts, bien entendus, ne sont-ils pas liés l'un à l'autre?

D'après cette règle, quand le fait diffamatoire

---

(1) Question controversée. Oui. Montpellier, 22 novembre 1841. Sirey, 42, 2, 160; Bordeaux, 2 juillet 1846. *Journal du Palais*, 48, 1, 51. C. cass. 8 déc. 1837. Sirey, 38, 1, 380; Dalloz, v° *Presse*, 1351; Chassan, t. II, p. 37. — Non. C. cass., déc. 1876; Parent, p. 100; de Grattier, t. I, n. 492. Et la raison aussi.

(1) Laurent, *Étude sur les délits de presse*, p. 854.

sera passible d'une peine quelconque, c'est-à-dire, quand il constituera un crime, un délit, ou une contravention, exposant son auteur à une condamnation criminelle ou correctionnelle ou de simple police ; quand, par conséquent, l'action publique ne sera pas prescrite, le prévenu de diffamation pourra établir devant le tribunal saisi de la plainte, la vérité du fait diffamatoire.

Le juge de l'action sera, selon les principes généraux, juge de l'exception.

Mais pour que les choses se passent ainsi, il faudra que le fait diffamatoire lèse les intérêts du prévenu de diffamation.

Cette restriction est des plus équitables et des plus juridiques, en ce que l'auteur du fait qui a été divulgué, et qui constitue un crime ou un délit a, pour ainsi dire, provoqué, par le préjudice qu'il lui a causé, la partie qu'il poursuit pour délit de diffamation.

Si la provocation est admise, dans ce cas, à titre d'excuse, c'est qu'elle a son principe dans un fait qui intéresse l'ordre public, c'est-à-dire un crime ou un délit. Deux intérêts s'élèvent alors contre un seul : l'intérêt du prévenu de diffamation et l'intérêt social représenté par la vindicte publique, contre l'intérêt du plaignant.

XXIX

Un de nos collègues de la commission avait fait admettre une autre exception à l'interdiction de la preuve des faits diffamatoires (1). La preuve devait être reçue quand le plaignant aurait autorisé le prévenu à la rapporter.

Cette disposition exceptionnelle était rendue nécessaire, parce que, dans le système de la législation sur la presse, l'inadmissibilité de la preuve est d'ordre public, dans le cas où elle n'est pas autorisée par la loi.

L'auteur de cet amendement faisait valoir à l'appui diverses considérations qui entraînèrent tout d'abord l'opinion de la majorité. L'interdiction de faire la preuve des faits diffamatoires était considérée par notre collègue comme n'intéressant, à vrai dire, et au point de vue pratique, dans la réalité des choses, que la personne diffamée. L'ordre public est désintéressé dans la question ; s'il en était différemment, il serait d'un intérêt public que la preuve de la vérité du fait diffamatoire fût établie plutôt que refusée.

La conséquence de l'inadmissibilité absolue de la preuve est de faire tourner au préjudice de la partie diffamée une disposition qui a évidem-

ment été édictée dans son intérêt ; il n'y a que le prévenu qui tire profit d'un procès en diffamation ; il satisfait ses rancunes, et il peut se dire, quoi qu'il arrive, le champion de la vérité et, en quelque sorte, le martyr. L'exception proposée moraliserait la loi nouvelle.

Cette exception, avons-nous dit, fut d'abord accueillie par la majorité de la commission ; elle avait été introduite dans un des projets primitifs.

La commission s'en est ensuite départie.

Elle a obéi à cette considération, qu'autoriser la preuve du fait diffamatoire, quand le plaignant la requiert, c'était l'obliger moralement à la requérir toujours, et c'était faire de l'exception la règle générale.

Il y a d'ailleurs telles circonstances où le demandeur en diffamation n'aurait pas la liberté de son initiative, quand, par exemple, le fait diffamatoire ne lui est pas exclusivement personnel.

XXX

« La preuve des faits imputés, dit l'article 20 de la loi du 26 mai 1819, met l'auteur de l'imputation à l'abri de toute peine, *sans préjudice des peines prononcées contre toute injure qui ne serait pas nécessairement dépendante des mêmes faits.* »

Notre article 38 décide purement et simplement que si la preuve autorisée par cette disposition est rapportée, le prévenu sera renvoyé de la plainte.

En résumé :

Plus de sursis, par l'effet du § 2 de l'article 38 de notre loi. L'article 24 de la loi du 26 mai 1819 cesse d'être.

Et quant au § 2 de l'article 20, il nous a paru inutile ou périlleux :

Inutile, si la disposition fait allusion à **toute** injure indépendante du délit de diffamation que purge la preuve du fait diffamatoire, parce que dans ce cas la plainte a pour objet deux délits parfaitement distincts qui ont chacun leur règle et leur sanction pénale ; périlleux, s'il est nécessaire de se livrer à une sorte de dissection judiciaire pour détacher un prétendu délit d'injure d'un délit de diffamation que vient d'effacer le magistrat.

Nous devons faire observer que pour l'admissibilité de la preuve dans le cas prévu par les § 1 et 2 de l'article 38, nous ne faisons aucune distinction entre la diffamation écrite et la diffamation verbale ; il suffit qu'elle ait été rendue publique.

La seule condition requise dans la publicité donnée à l'imputation.

---

(1) M. Hérisson.

XXXI

*§ 4. — Délits contre les chefs d'État et agents
diplomatiques étrangers.*

Les articles 39 et 40 du projet prévoient et
punissent le délit d'outrage envers les chefs
d'État étrangers, envers les ambassadeurs et ministres plénipotentiaires, envoyés, chargés d'affaires ou autres agents diplomatiques accrédités
près du Gouvernement de la République.

Les peines varient selon que l'outrage s'adresse
aux chefs d'État ou aux ambassadeurs, ministres
ou agents.

La peine est d'un emprisonnement de trois
mois à deux ans et d'une amende de 160 à 2,000
francs ou de l'une des deux peines seulement,
dans le premier cas.

La peine de l'emprisonnement est réduite de
huit jours à un an et à une amende de 50 à 2,000
francs, dans le second cas.

Ces dispositions ne nous semblent devoir faire
l'objet d'aucune observation.

L'expression d'*outrage* remplace ici celle d'injure ou de diffamation par les raisons que nous
avons déjà données à l'occasion de l'article 29 du
projet.

L'outrage peut s'entendre d'ailleurs et de l'injure et de la diffamation.

Disons en terminant que la disposition du § 4
de notre projet est conforme à toutes les tradi-
tions du droit international.

XXXII

*§ 5. — Publications interdites, immunités
de la défense.*

L'interdiction de publier les actes d'accusation
ou tous autres actes de procédure criminelle ou
correctionnelle, avant qu'ils aient été lus en audience publique, a été considérée comme une garantie due à ceux qui sont appelés à se défendre
devant la justice répressive (art. 41).

D'autre part, c'est la pensée de protéger tout
autant, sinon davantage, le plaignant que le prévenu contre les atteintes d'une bruyante et fu-
neste publicité, qui a fait introduire dans notre
législation l'interdiction de rendre compte des
procès en diffamation, dans lesquels la preuve
des faits diffamatoires n'est pas autorisée. Le plaignant a voulu l'ombre et le silence. Il faut que sa
volonté soit respectée et qu'on ne fasse pas at-
tendre, au dehors et au loin, le bruit du scandale
qu'on n'aura pas évité dans l'enceinte du tribunal.

Des raisons analogues devaient faire donner
la faculté d'interdire le compte-rendu dans les
affaires civiles, sans que le huis clos ait été prononcé, lorsque les cours et tribunaux penseraient
que le compte-rendu des débats pourrait porter
atteinte à la considération des parties ou des tiers.

Cette seconde interdiction se justifie encore
plus facilement que la première, puisqu'il ne
s'agit ici que des débats d'une nature intime et
que la juridiction devant laquelle ils sont portés
n'est appelée qu'à juger des affaires dans lesquelles n'est pas en jeu l'intérêt de la société.

C'est pour cette raison que notre article 42
limite la faculté pour les tribunaux d'interdire
le compte-rendu des procès aux matières civiles et
ne l'étend pas aux matières criminelles et correctionnelles.

L'interdiction de rendre compte en matière
civile n'est qu'une application de la règle générale édictée par l'article 87 du Code de procédure civile, mais que ne reproduisent pas les
articles 153, 190 et 519 du Code d'instruction criminelle. Voilà pourquoi l'article 42 n'autorise pas
les tribunaux à interdire le compte-rendu des
procès en matière criminelle ou correctionnelle,
sauf, bien entendu, le cas où le huis clos est requis
et ordonné. Les jugements pourront d'ailleurs
être toujours publiés.

Il est une troisième interdiction, prévue par le
paragraphe 2 du même article 42, c'est celle du
compte-rendu des délibérations intérieures soit
des jurys, soit des tribunaux.

Cette inhibition ne fait que sauvegarder le
secret des délibérations.

La peine édictée par l'article 42 est celle de 100
à 2,000 francs.

Art. 43. — Ce n'est pas le fait d'ouvrir une
souscription ayant pour objet d'indemniser des
frais des condamnations encourues en cour d'assises ou en police correctionnelle qui peut, par
lui-même, constituer une action punissable. Chacun est libre de disposer à son gré de ses sym-
pathies et de son argent. C'est la publicité donnée
à l'ouverture de la souscription ou à l'annonce de
cette ouverture que la loi a entendu prohiber
et punir. On a craint que ces manifestations ne
prissent le caractère d'une protestation contre
les décisions judiciaires et que leur autorité ne
s'en trouvât infirmée. Nous n'avons pas cru pouvoir renoncer à cette prévoyante disposition.

Art. 44. — Nous n'avons rien à dire des immunités de la défense. L'expérience a prouvé
que les dispositions de l'article 44, que nous empruntons à la loi du 17 mai 1819, concilient, dans
une juste mesure, les droits de la défense avec le
respect qui est dû aux intérêts des parties et
des tiers.

Quant aux immunités parlementaires qui couvrent les opinions et les votes émis par les membres des deux Chambres dans l'exercice de leurs fonctions, elles ont pris place dans l'article 13 de la loi constitutionnelle du 15 juillet 1875, et il nous suffit de leur consacrer cette simple mention.

XXXIII

CHAPITRE V. — (ART. 45 A 68)

DES POURSUITES ET DE LA RÉPRESSION

§ 1er. — *Des personnes responsables des crimes et délits commis par la voie de la presse ou tout autre moyen de publication.*

Avant de rechercher à quelle juridiction on déférera la connaissance des délits, on doit se demander contre quelles personnes on en poursuivra la répression : c'est l'objet des articles 45, 46 et 47 du projet de loi.

S'il s'agit d'un délit commis par la parole, l'application du droit commun ne présentera aucune difficulté; sa perpétration ne révèle, en général, que l'idée d'un seul coupable, et ce n'est que par exception qu'à l'action principale se rattachent des faits de complicité.

Il n'en est pas de même pour les délits commis par la voie de la presse.

La pensée, pour être publiée, donne lieu à trois ordres de faits distincts : la rédaction, l'impression, la publication; et à chacun de ces faits correspond, d'habitude, l'intervention de trois personnes différentes : l'écrivain, l'imprimeur et le publicateur, qu'il s'appelle *gérant*, s'il publie un journal; *éditeur*, libraire-éditeur ou de toute autre dénomination, s'il publie un livre ou une brochure.

Quant aux vendeurs, colporteurs ou distributeurs, ils propagent le délit, si l'on peut ainsi parler, ils en étendent l'action; mais, à aucun point de vue, ils ne concourent à sa perpétration.

Comment se partagera la responsabilité entre ces diverses personnes?

La responsabilité morale retombe tout entière sur l'écrivain, tout le monde le sent. Voilà pourquoi on a pu soutenir qu'il était seul coupable et qu'il devait être seul puni.

Mais, au point de vue des principes de la législation, les choses changent d'aspect. Si c'est la publication qui fait le délit, c'est le publicateur qui devient l'auteur principal, et l'écrivain qui lui a fourni les moyens de le commettre ne doit être considéré que comme son complice.

Ce n'est pas là une fiction, c'est une réalité qui s'impose.

Le publicateur et l'écrivain seront poursuivis tous les deux.

Quant à l'imprimeur, peut-on le considérer comme un véritable complice? Sans doute, il a fourni les presses; mais les a-t-il fournies avec l'intention de les faire servir au délit qui va se commettre? A-t-il même lu l'écrit qu'il a imprimé? L'ayant lu, l'a-t-il compris?

Questions délicates qu'il faudrait résoudre nécessairement contre l'imprimeur, pour le déclarer et le punir comme complice; questions de fait, a-t-on dit, qui doivent être souverainement décidées par les juges. C'est pour leur en soumettre l'appréciation que l'imprimeur a presque toujours accompagné l'écrivain et le publicateur sur les bancs de la cour d'assises et de la police correctionnelle.

De tous temps, cette pratique a soulevé d'énergiques protestations. Que n'a-t-on pas fait observer, au simple point de vue de l'équité? Pourquoi impliquer tant de personnes dans des procès de cette nature? La conscience publique ne sera-t-elle satisfaite que par la condamnation de l'imprimeur? La personne offensée n'aura-t-elle pas toute satisfaction lorsque son offenseur sera puni? Est-il juste d'exposer inutilement aux rigueurs de la loi une personne dont la coopération intentionnelle à l'accomplissement du délit ne sera jamais démontrée avec une certitude suffisante? Si l'on parle de fiction, le mot ne s'applique-t-il pas à la prétendue complicité de l'imprimeur? Comment ne pas voir, enfin, que la responsabilité de l'imprimeur est une menace perpétuelle contre la liberté de l'écrivain?

Ces considérations nous paraissent devoir l'emporter sur celles qui leur sont opposées. Nous vous proposons, en conséquence, de décider que l'imprimeur ne pourra être poursuivi comme complice de l'écrivain. Le bénéfice de cette disposition s'étendra également aux vendeurs, distributeurs, ou colporteurs, qui ne sont, à vrai dire, que de simples marchands de volumes ou de papiers imprimés, et aux afficheurs, dont l'industrie est beaucoup plus infime.

Une exception cependant était nécessaire : elle était commandée par le souci de la sécurité publique et le devoir de ne pas paralyser entre les mains des agents de l'autorité les moyens de prévenir ou de réprimer le désordre de la rue. L'article 60 du Code pénal restera applicable dans le cas et les conditions prévus par l'article 6 de la loi du 7 juin 1848 sur les attroupements.

Il en sera également ainsi, mais non plus en vertu d'une exception, dans les cas où l'imprimeur et les autres personnes que nous venons de désigner auraient participé au délit par des actes étrangers à leur industrie ou à leur profession. Ce n'est plus alors comme imprimeurs, vendeurs, distributeurs ou afficheurs qu'ils seraient poursuivis ; et ils cesseraient d'être protégés par les dispositions de l'article 46 de la loi.

En résumé, des trois personnes dont les actes concourent à la publication de la pensée, deux seulement devront être poursuivies : le publicateur et l'écrivain. L'imprimeur ne sera pas recherché. Voilà la règle générale qu'une seule exception pourra faire fléchir.

Mais il peut arriver que les faits ne se présentent pas avec cette simplicité, et que certaines des personnes qui ont concouru à la perpétration du délit échappent à la justice, soit parce qu'elles seront inconnues, soit parce qu'elles résideront à l'étranger.

Qui poursuivra-t-on ? A défaut du gérant ou de l'éditeur, l'auteur ; à défaut, tout à la fois, du publicateur et de l'auteur, l'imprimeur ; et enfin, si l'on ne rencontre devant soi, ni publicateur, ni auteur, ni imprimeur, la justice ou les personnes lésées s'adresseront, suivant les cas, ou au vendeur, ou au distributeur, ou à l'afficheur.

Grâce à ces dispositions, il n'y aura guère de délit qui puisse échapper à la répression et, à part le cas où l'on pourra mettre éditeur et auteur en cause, il n'y aura jamais qu'une personne à traduire en justice ; quelle qu'elle soit, elle n'aura à exciper ni de sa qualité ni de sa bonne foi. En se refusant à faire connaître les coupables ou en prêtant son concours à des personnes résidant à l'étranger, n'aura-t-elle pas volontairement assumé la responsabilité de la publication ?

Ajoutons pour terminer, sur ce point, que les mots ne sauraient changer les choses, et que c'est la nature du concours prêté à la perpétration du délit et non la qualité ou la profession de la personne qui l'a prêté, qui détermine sa responsabilité. Un imprimeur, par exemple, qui serait l'éditeur d'un livre ou le gérant d'un journal, ne pourrait exciper de sa qualité d'imprimeur pour échapper aux poursuites auxquelles l'exposerait le fait de la publication. Ainsi du libraire, ainsi des autres.

Art. 47. — « Les propriétaires des journaux ou écrits périodiques seront civilement responsables des condamnations pécuniaires prononcées contre les personnes désignées dans les deux articles précédents. »

La disposition de l'article 47 a sa raison d'être dans des considérations de fait et des considérations de droit.

En point de fait, elle n'a rien de préventif ; si elle remplace, à certains points de vue, le cautionnement que nous supprimons, elle a ceci de plus libéral que le cautionnement et de plus logique à la fois : le cautionnement est une

mesure préalable, c'est la garantie éventuelle de l'exécution d'une condamnation qui peut ne jamais intervenir, tandis que la responsabilité civile des propriétaires de journaux ne doit recevoir d'application que dans l'hypothèse où une condamnation a été prononcée. Elle ne devance pas la condamnation, elle la suit ; elle ne peut être que théorique, si le journal ne commet pas de délit ou si la condamnation s'exécute directement. Elle n'empêche pas ce délit de se commettre, elle empêche l'impunité de s'accomplir.

En point de droit, elle a également sa justification ; elle est en harmonie avec la règle de droit commun édictée par les articles 1382, 1383 et 1384 du Code civil.

L'article 1384 place en effet, à côté de la responsabilité directe de l'article 1382, la responsabilité indirecte. Il y a certaines situations dans lesquelles on est exposé à répondre de la faute d'autrui et même du dommage causé par le fait des choses que l'on a sous sa garde.

En vous proposant de déclarer les propriétaires des journaux ou écrits périodiques responsables civilement des condamnations pécuniaires prononcées contre le gérant comme auteur principal, contre l'écrivain comme complice, ou bien contre le gérant seul, si l'écrivain n'est pas connu ou s'il échappe à la poursuite, ou bien contre l'écrivain comme auteur principal, s'il peut être poursuivi, et si le gérant ne peut l'être, soit parce que le journal n'aurait pas de gérant, soit parce que le gérant se serait mis hors des atteintes de la justice, ou bien, à défaut du gérant et de l'écrivain, contre l'imprimeur, etc., nous ne faisons qu'étendre l'application de l'article 1384, au cas particulier d'un délit commis par la presse périodique.

Le droit commun sert ici de guide. Nous ne le créons pas, nous en appliquons les règles à une matière spéciale. *C'est, pour ainsi dire, une application nouvelle d'un principe connu.*

Nous sommes encore dans le droit commun quand nous rendons les propriétaires de journaux responsables civilement, non-seulement des dommages-intérêts et des dépens, mais encore des amendes.

En effet, si la responsabilité civile est restreinte par l'article 1384 aux dommages-intérêts et aux dépens, et si elle ne s'étend pas, en général, aux amendes, ainsi que le décide la jurisprudence (Cour cass., 14 juillet 1814, 11 septembre 1818, 14 janvier 1819, 8 août 1823, 4 septembre 1823, 21 avril 1847 9 juin 1832, 24 mars 1855), cette règle reçoit exception dans certains cas déterminés par des lois spéciales, par exemple en matière de douanes (Cour cass., 6 juin 1811, 20 mai 1828, 5 septembre 1828), en matière de contravention aux lois sur les contributions indirectes

(Cour cass., 11 octobre 1834), en matière de délit de chasse (Cour cass., 5 juin 1850).

Nous ne faisons violence à aucune règle de droit, en étendant, dans la matière qui nous occupe, la responsabilité civile des propriétaires de journaux aux amendes non moins qu'aux dommages-intérêts et aux frais.

Rien n'est plus légitime. Les propriétaires doivent connaître le gérant du journal qui leur appartient. C'est de ce gérant qu'ils répondent. Ils ne répondent de l'auteur et des personnes désignées dans l'article 46, que s'il n'y a pas de gérant, circonstance qui est leur fait et qui engage presque directement leur responsabilité.

Si le propriétaire du journal est une société en nom collectif, en commandite ou anonyme, ces sociétés sont tenues de la responsabilité civile au même titre et dans les mêmes conditions qu'elles sont tenues de leurs dettes envers les tiers.

En d'autres termes, notre article 47 n'est pas une innovation, c'est une interprétation, une extension, si l'on veut, de l'article 1384 du Code civil; interprétation ou extension qui, dans maintes circonstances, aurait soulagé la conscience des magistrats forcés de condamner un gérant inconscient et insolvable au lieu d'un propriétaire très-conscient et très-solvable à la fois.

« Attendu, a dit un jour le tribunal correctionnel de Montpellier, que s'il a été établi que S..... est propriétaire du journal *le Travailleur*, comme il l'a avoué à l'audience ;

« Que, les rédacteurs étant ses employés, il disposait à son *gré* de la gérance du journal ; que, par son intervention et moyennant toutefois une somme de 500 francs donnée dans ce but par une personne très-honorable, il a pu empêcher la publication d'un feuilleton annoncé à grand bruit pour faire appel à la sollicitude et conséquemment à la bourse d'une famille très-justement alarmée par la menace d'un scandale ;

« Qu'il ne dépendait en un mot que de S..... d'épurer son bureau de rédaction devenu une boutique de chantage ; cependant il n'a point paru aux juges que sa responsabilité légale fût suffisamment engagée, le gérant seul, d'après la législation sur la presse, devant être responsable des articles publiés et ne pouvant être considéré, comme le préposé du propriétaire du journal............ ; par ces motifs, le tribunal, dit n'y avoir lieu à déclarer la responsabilité civile de S..... » (19 novembre 1879. L.... contre S..... et Varé, gérant du journal *le Travailleur*. Président M. Vedel).

Sur l'appel, ce jugement fut confirmé.

Nous abrogeons le cautionnement, nous abrogeons la faculté pour les tribunaux de prononcer la suspension ou la suppression des journaux, faculté donnée en dernier lieu par la loi du 11 mai

1868 ; mais, pour ne pas ériger l'impunité en règle générale, nous proposons d'édicter la responsabilité civile des propriétaires.

En Angleterre, dont les adeptes de la liberté absolue en matière de presse citent souvent le libéralisme, la loi faite aux propriétaires de journaux laisse bien loin derrière elle la responsabilité civile à laquelle nous nous arrêtons.

« Indépendamment du cautionnement exigé par l'acte 60, George III et George IV, ch. 9, les propriétaires peuvent être poursuivis pour répondre non pas civilement, mais directement des condamnations qu'encourt la publication incriminée.

« Ils ont seulement la faculté (acte de lord Campbell, 6 et 7, Victoria, ch. 96), lorsqu'ils sont poursuivis devant la juridiction civile par un individu qui se prétend diffamé dans leur journal, de se justifier en démontrant : 1° que l'insertion de l'article ne peut être attribuée ni à une intention de nuire, ni à une faute lourde (grosse négligence) ; 2° que, avant que l'instance fût engagée, ou au moins dès qu'ils en ont eu la possibilité, ils ont inséré des excuses satisfaisantes dans une livraison de leur publication ou qu'ils ont offert au demandeur de publier des excuses dans un journal ou une publication périodique choisi par lui. L'effet de cette justification est de permettre au défendeur de *payer en cour*. Elle l'autorise à apporter devant la cour une certaine somme d'argent suffisante, à ce qu'il croit, pour satisfaire le demandeur, et à se déclarer prêt à la lui payer. Si le demandeur n'accepte pas cette offre et passe outre, il s'expose à ce que, après les débats, le jury, trouvant qu'elle était insuffisante, ne lui fasse perdre son procès » (1).

Le système de responsabilité que nous vous proposons est-il moins libéral que celui de la législation de la libre Angleterre ?

XXXIV

§ 2. — *De la juridiction.*

Le projet de loi que nous avons l'honneur de vous soumettre, ayant écarté, d'une façon absolue, les délits d'opinion, de doctrine, de tendance, tous ceux qu'on est convenu d'appeler jusqu'à présent les délits de presse, le projet n'aurait eu qu'à s'approprier en matière de juridiction les dispositions du Code d'instruction criminelle,

____

(1) Ed. Bertrand, *Régime légal de la Presse en Angleterre*, p. 48.

si nous avions dû nous en référer uniquement aux règles du droit commun.

En effet ce Code, combiné avec les principes généraux posés par le Code pénal, fixe la juridiction en matière criminelle.

Ces deux monuments de notre législation classent les infractions en trois catégories, les crimes, les délits et les contraventions, selon qu'il s'agit de méfaits punis de peines afflictives ou infamantes, de peines correctionnelles ou de peines de simple police (C. pén., 1).

Il résulte des articles 137, 138 — 170 et 193 du Code de procédure criminelle, que les contraventions sont jugées par les tribunaux de simple police, les délits par les tribunaux de police correctionnelle et les crimes par le jury et la cour d'assises.

Sans nous attarder dans la recherche de l'origine du jury, sans nous demander ce qu'il en était de cette institution sous la législation romaine, sous la législation intermédiaire, et avant le Code de 1808, investigations fort intéressantes sans doute et qui font l'honneur et la renommée d'un livre (1), il nous suffit, et nous avons le droit de dire au point de vue de notre sujet, *propter subjectam materiam, que,* en droit commun, dans notre législation française, par l'effet d'une tradition bientôt séculaire, le jury connait des crimes et les tribunaux correctionnels, au moins jusqu'à présent, connaissent des délits (2).

Il suit de là que les tribunaux de police correctionnelle devraient juger toutes les infractions prévues par le projet de loi qui sont passibles de peines correctionnelles, et les juges de paix de toutes celles qui n'encourent que des peines de simple police. Le jury, dans ce système, ne connaîtrait que du seul crime défini par l'article 26 du projet.

Ce n'est pas cette règle juridictionnelle que nous vous proposons de suivre.

Désertant ici le droit commun, pour être plus favorables à la liberté, nous appelons le jury à connaître de toute une série d'infractions qui nous ont paru s'adapter davantage au caractère spécial de cette institution.

Nous avons voulu nous rapprocher du droit commun, de son application, quand il s'est agi de qualifier, de classer les délits; nous voulons nous en écarter, maintenant qu'il s'agit de déterminer la compétence.

L'essentiel, dans toute loi qui demande un juge, c'est la juridiction : *primo de judice.*

Voici la règle que nous avons adoptée.

Nous déférons au jury la connaissance de la généralité des délits commis par la voie de la presse et de la parole, indifféremment, qui impliquent l'appréciation plus spéciale des intentions des prévenus, ou que la politique a plus ou moins occasionnés.

Nous disons : *a plus ou moins occasionnés,* parce qu'ainsi que nous avons eu le soin de le faire observer, et que le prouvent d'ailleurs les dispositions pénales de notre projet, nous n'avons pas retenu un seul de ces délits que les lois actuelles qualifient de délits politiques.

L'injure, la diffamation, la provocation à commettre des crimes ou des délits, l'outrage aux bonnes mœurs, l'outrage envers les personnes, quelles que soient leurs qualités et leur situation, ne passeront jamais pour des délits politiques, parce que ce sont là de mauvaises actions considérées ainsi, de tous les temps, sous tous les régimes, par tous les législateurs, qu'elles soient commises par la presse ou par la parole.

Aussi n'avons-nous pu poser comme règle générale, à l'exemple du législateur du 8 octobre 1830 ou du 10 novembre 1848, que la connaissance des délits politiques est déférée aux cours d'assises. Le projet de loi n'en renferme pas !

D'autre part, nous étant attachés à qualifier les délits, abstraction faite du procédé à l'aide duquel ils ont été perpétrés, ne puisant qu'aux sources du droit commun, nous n'avons pu dire que le jury connaîtrait de tous les délits commis par la voie de la presse (1), à l'exemple de la même loi du 8 octobre 1830, article 1er; de la même Constitution du 10 novembre 1848; de la loi du 15 avril 1871, article 1er, et de celle du 29 décembre 1875, article 4.

La loi du 29 décembre 1875 pouvait d'autant moins nous servir de modèle à cet égard, qu'après avoir posé comme règle générale la juridiction du jury, elle y fait de telles exceptions, que c'est l'exception qui devient la règle.

Nous avons, en conséquence, adopté un *à priori* différent.

Abandonnant les voies tracées jusqu'à ce jour, nous avons procédé non plus par dispositions générales, mais par voie d'attributions particulières.

Nous avons repris les diverses infractions que le projet de loi qualifie de crimes, de délits ou de contraventions; en faisant la part de la nature spéciale de chacune d'elles, nous les avons nominativement attribuées aux cours d'assises, aux tribunaux correctionnels ou aux juges de simple

---

(1) Faustin Hélie, *Instr. crim.,* t. VIII, p. 206.

(2) Nous faisons ici allusion à la proposition de M. Versigny, — assises correctionnelles

(1) Nous aurions ainsi enlevé au jury tous les délits de la parole, ce que nous ne voulons pas.

police, selon qu'elles se rapprochent davantage de l'une ou de l'autre de ces trois juridictions.

Les partisans du droit commun, en matière de liberté de la presse, nous sauront gré d'avoir dérogé à ses règles, de les avoir fait fléchir, relativement à la juridiction, et de les avoir fait fléchir dans le sens de la compétence du jury.

Quant à leurs adversaires, nous nous bornerons à répondre à leur critique, si elle se produit, que nous n'avons pas hésité, dans la distribution juridictionnelle à laquelle nous venons de faire allusion, à incliner fortement en faveur du jury, par la seule mais excellente raison du caractère essentiellement démocratique de son institution.

« Pourquoi, se demande M. Faustin Hélie, dans son traité magistral de l'*Instruction criminelle*, pourquoi cette grande institution du jury a-t-elle paru en 1789 constituer le plus sûr instrument de la justice pénale? Pourquoi depuis cette époque a-t-elle résisté à tant d'efforts déployés pour la renverser? Pourquoi, au milieu des vicissitudes politiques que notre législation a subies est-elle demeurée debout, au moins en principe, sinon avec une complète application?

« Ce n'est pas seulement parce qu'elle assure la vérité des jugements criminels, c'est surtout parce qu'elle donne à la liberté civile son plus énergique appui..... Il en résulte, en effet, qu'en matière criminelle le pouvoir judiciaire se trouve placé, non-seulement en dehors des mains du pouvoir exécutif, mais en dehors des juges eux-mêmes. Il est placé entre les mains du peuple; il est exercé par des hommes pris tous dans son sein, qui ne forment aucune assemblée permanente, qu'aucun lien ne resserre les uns avec les autres, que le sort a réunis et qui se dispersent aussitôt leur fonction accomplie. Il n'y a lieu de craindre ni les préventions injustes ni les persécutions (1). »

Nous aurions voulu prolonger cette citation, elle est la plus éloquente justification des dispositions que nous venons vous soumettre.

XXXV

Notre article 48 se divise en trois parties :

La première énumère les diverses infractions, crimes ou délits que nous déférons au jury;

La seconde, celles que nous attribuons aux tribunaux de police correctionnelle;

La troisième énumère celles que nous renvoyons devant le tribunal de simple police.

A. — COUR D'ASSISES

Nous déférons au jury :

1° La provocation par la voie de la presse ou de la parole, à commettre un crime, alors que la provocation a été suivie d'effet. C'est la complicité.

La provocation, dans ce cas, est punie comme le crime lui-même (art. 26 du projet).

Pas de difficulté. — Nous n'avons à faire ici aucun commentaire.

2° La provocation au crime, non suivie d'effet.

Bien que ce ne soit là qu'un délit puni de peines correctionnelles (art. 27), il prend sa source dans une intention plus que délictueuse, puisqu'il n'a pas dépendu de la volonté du provocateur que le crime ait été accompli.

3° L'outrage envers la République (art. 29).

Gouvernement du pays par le pays, la République outragée ne doit demander la réparation de ses injures qu'à des hommes pris dans le sein du peuple, pour nous servir de la vigoureuse expression de M. Faustin Hélie.

C'est à ces magistrats d'un jour, d'un moment, mais du jour et du moment où l'outrage vient de se commettre, qu'il appartient de s'imprégner des nécessités, des convenances de la situation, d'y puiser les raisons de leur verdict en même temps que son autorité.

4° L'outrage envers le Sénat et la Chambre des députés (art. 29).

Issus du suffrage universel, le Sénat et la Chambre sont responsables devant l'opinion. Ils doivent donc déférer leurs griefs à cette magistrature nationale. Les jurés sont leurs pairs.

5° Le délit de nouvelles et de pièces fausses.

Ce délit n'existe, d'après notre projet de loi, que si la publicité ou reproduction de la fausse nouvelle ou de la fausse pièce a été faite de mauvaise foi et si elle a été faite de nature à troubler la paix publique (art. 31).

Il est manifeste que les douze jurés venus de tous les points du département seront les meilleurs appréciateurs de ce second, mais essentiel élément de délit.

Ils sauront mieux qu'aucune de ces compagnies judiciaires vivant dans une retraite austère et l'isolement de l'étude, si la paix publique a été troublée par la publication prétendue délictueuse ou même si cette publication était de nature à la troubler.

6° Le délit d'outrage aux bonnes mœurs.

Le jury n'a jamais encouru, en matière d'attentats aux mœurs, le reproche d'indulgence ou

---

(1) Faustin Hélie. *Instruction criminelle*, t. VIII, p. 200.

de faiblesse ; pourquoi ne serait-il pas juge de l'outrage aux bonnes mœurs? L'outrage n'est-il pas une variété de l'attentat ?

7° Le délit de diffamation ou d'injures envers les corps constitués ou les personnes revêtues d'un caractère public indiquées aux articles 34 et 35.

De tous les temps, sauf aux deux époques de réaction violente de 1822 et 1852, qui marquent les deux phases les plus tyranniques dont la presse ait gardé le souvenir, le délit d'injure ou de diffamation envers les agents de l'autorité a été déféré au jury.

C'est l'article 13 de la loi du 17 mai 1819 qui inaugura cette juridiction.

Quand fut discutée la loi du 25 mars 1822, M. de Serre opposa la plus vive résistance à l'abrogation de son œuvre du 26 mai 1819.

Répondant au reproche d'indulgence adressé au jury : « J'oppose à ce qu'on dit de cette prétendue indulgence, disait M. de Serre, le tableau de toutes les décisions que rendent en France, depuis l'introduction du jury parmi nous, les jurés ou les juges, et je déclare, peut-être contre l'opinion de beaucoup, non sans preuves, mais avec la certitude du fait, que c'est dans la décision du jury que l'on trouve le plus de sévérité. J'invite les personnes qui ont des doutes sur ce point à consulter les magistrats qui ont comparé le plus assidûment les décisions des juges et les décisions du jury. »

Répondant à la prétendue impressionnabilité des jurés : « C'est là leur mérite, disait-il, car ainsi que le dit Royer-Collard, les délits de la presse sont mobiles. Ils réclament un tribunal également mobile qui, se renouvelant perpétuellement exprime sans cesse les divers états des esprits et des besoins changeants de la société ! »

Nous déférons donc à la juridiction du jury les délits d'injures ou de diffamation envers les personnes publiques et autres désignées dans les articles 34 et 35 de notre loi.

Nous disons : *les délits d'injure ou de diffamation*, car il importe peu que le délit ait été commis verbalement ou par écrit, pourvu qu'il ait été public.

Nous allons par conséquent plus loin, à cet égard, que la loi du 26 mai 1819.

Nous allons plus loin que le projet présenté en mars 1876, dont M. Genton avait été le rapporteur.

Nous allons plus loin surtout que la loi du 29 décembre 1875 qui aurait dû devancer la loi de 1819, au lieu de rester en arrière : elle n'aurait pas encouru le reproche de réagir contre l'œuvre de M. de Serre.

« Le jury est à mes yeux, écrivait le rapporteur de la Constitution du 10 novembre 1848, une institution animée de la liberté, une ma-gistrature d'équité et de bon sens, imprégnée des sentiments populaires d'où elle sort, où elle se retrempe sans cesse. Nous aurions voulu la développer et l'étendre progressivement au jugement des matières correctionnelles et de quelques procès civils. C'était notre premier projet. Il a rencontré, dans tous vos bureaux, nous sommes forcés de l'avouer, une opposition si générale et si radicale que nous avons dû nous résigner au silence de la défaite ; nous n'en conservons pas moins la confiance qu'il viendra un jour moins dur pour le jury, moins propice au praticien, et où la loi simplifiant, abrogeant, élaguant les broussailles souvent épaisses de la procédure, donnera raison à notre opinion que nous sommes forcés d'ensevelir provisoirement dans la solitude de nos espérances. » (Dalloz, 1848, 3° partie, p. 199).

Nous sommes séparés depuis plus d'un quart de siècle des espérances qu'exprimait ainsi Armand Marrast. Serait-ce trop aventureux de les réaliser en partie ?

Nous ne l'avons pas pensé. Nous n'avons, en conséquence, fait aucune distinction, quant aux délits à renvoyer au jury, entre les divers modes de leur perpétration. De quelque façon que la publication ait eu lieu, la juridiction doit être la même, puisqu'il s'agit de la même pénalité.

8° Le délit de provocation aux militaires pour les détourner de leurs devoirs est, d'après notre projet, le dernier délit qui se trouve déféré à la cour d'assises.

Il est prévu par l'article 28.

Il a cela de particulier qu'il se rapproche beaucoup d'actes qualifiés crimes par la loi commune et que réserve notre disposition.

Aujourd'hui que tout citoyen est soldat, le jury est la magistrature dont la compétence s'adapte le mieux à la connaissance de ce délit spécial dont la répression importe à la stabilité de l'armée. L'armée et le pays sont solidaires.

B. — POLICE CORRECTIONNELLE

Nous attribuons aux tribunaux de police correctionnelle :

1° Les provocations au délit, suivies d'effet.

Elles sont un délit ordinaire, — pas de difficulté.

2° Le délit d'outrage au Président de la République.

Votre commission en avait, de primo abord, saisi la cour d'assises (projet du 6 août 1879). Elle a cru devoir revenir sur cette résolution après avoir entendu les observations de M. le garde des sceaux.

L'irresponsabilité du chef de l'Etat, l'inadmissibilité de la preuve des faits outrageants, l'opportunité, la convenance d'une décision prompte justifient à nos yeux et par dérogation au principe posé au § 1 de l'article 38, l'attribution aux tribunaux de police correctionnelle du délit d'outrage envers le Président de la République.

3° L'outrage aux chefs d'Etat ou agents diplomatiques étrangers.

Nous n'avons pas voulu établir de différence entre les chefs d'Etat étrangers et le Président de la République française.

Quant aux agents diplomatiques, il n'y avait pas lieu de distinguer non plus. Il suffisait de cette seule raison que le projet de loi n'admet pas plus la preuve du fait outrageant quand il s'agit d'un outrage commis envers leurs personnes qu'il ne l'admet quand l'outrage concerne le Président de la République et les chefs des Etats que représentent ces agents.

Ils n'exercent d'ailleurs aucune fonction publique française.

4° Le délit de cris séditieux.

Ce délit n'implique d'ordinaire que la constatation d'un fait. La poursuite est en général celle d'un délit flagrant.

5° Les délits de diffamation ou d'injure envers les particuliers.

Il n'y a aucun intérêt à déférer ces sortes de délits à la cour d'assises. L'ordre général, la sécurité publique n'y sont que très-secondairement intéressés.

La preuve des faits diffamatoires n'est pas d'ailleurs admise en cette matière, tout au moins d'une façon absolue.

6° Le délit de lacération d'affiches, dans les cas prévus par les § 2 et 4 de l'article 20.

C'est là un fait, en quelque sorte matériel, dont la répression doit être aussi instantanée que possible.

Nous ajoutons : dans les cas prévus par les § 2 et 4 de l'article 20, parce qu'en effet les § 1 et 3 ne prévoient que des peines de simple police.

7° Enfin toutes les infractions prévues et punies par les articles 5, 11, 12, 13, 14, 15, 17, 41, 42 et 43 de la loi.

Ce sont là autant de contraventions matérielles, exclusives, pour la plupart, de toute faute intentionnelle.

Nous avons tenu à les préciser par l'indication des articles eux-mêmes au lieu de nous contenter de ces expressions : *les contraventions prévues par la présente loi.*

Le justiciable n'aura pas ainsi à recourir. aux lumières d'un jurisconsulte pour savoir à quoi s'en tenir. Les tribunaux n'auront pas à se préoccuper de faire jurisprudence. La Cour de cassation n'aura pas à intervenir

Nous renvoyons devant les tribunaux de simple police uniquement les contraventions prévues par les articles 4, 20 § 1 et 3, et par l'article 15 de la loi nouvelle. Ce sont les infractions qui ne sont passibles que de peines de simple police.

XXXVI

Le paragraphe 2 se termine par une disposition d'ordre, qui n'est que le corollaire de l'article 48. « L'action civile dérivant d'un crime, d'un délit ou d'une contravention, dit l'article 2 du Code d'instruction criminelle, peut être poursuivie en même temps et devant les mêmes juges que l'action publique ; elle peut l'être aussi séparément. »

Qu'était-il arrivé ? Pour échapper aux dispositions des lois qui autorisent devant le jury la preuve des faits diffamatoires, les fonctionnaires diffamés saisissaient de leur plainte les tribunaux civils par voie d'action civile. Là ils soutenaient et ils faisaient juger que la preuve n'était pas recevable. C'était l'inverse de ce qui se passe en Angleterre où la preuve n'est, en général, recevable qu'en matière civile.

Le décret du 22 mars 1848, article 2, et plus tard la loi du 15 avril 1871, article 4, déjouèrent ce stratagème.

L'article 4 de cette loi est ainsi conçu : « L'action civile résultant des délits à l'occasion desquels la preuve est permise par l'article ci-dessus ne pourra, sauf dans le cas de décès de l'auteur du fait incriminé, ou d'amnistie, être poursuivie séparément de l'action publique. »

Voulant atteindre le même but que le législateur du 15 avril 1871, nous reproduisons la disposition de l'article 4.

Elle a sa place dans notre article 49.

L'article 4 de la loi du 15 avril 1871 dispose, en terminant, que dans tous les autres cas l'action civile s'éteindra de plein droit par le seul fait de l'extinction de l'action publique.

Nous avons jugé inutile de reproduire cette dernière disposition qui aurait fait double emploi avec les règles que nous posons en matière de prescription (v. art. 68).

XXXVII

§ 3. — *De la procédure.*

Il ne suffisait pas de codifier, dans la législation relative aux crimes et délits commis par la presse et par la parole, les dispositions qui qualifient et qui classent ces diverses infractions et celles qui concernent la juridiction; il fallait encore codifier la précédure à suivre; il fallait aussi amener à des règles également uniformes tout ce qui touche à l'aggravation ou à l'atténuation des peines; il fallait, enfin, régler la prescription.

Tel est l'objet des paragraphes 3 et 4 du chapitre V dont le dernier article est le dernier du projet de loi, sauf deux dispositions transitoires.

A. — COURS D'ASSISES.

Art. 50. — Cette disposition consacre le droit pour le ministère public de saisir les cours d'assises par voie de citation directe, c'est-à-dire, sans qu'il soit nécessaire de provoquer une information par un réquisitoire adressé au juge d'instruction.

Cette règle d'une simplicité extrême et qui permet une décision prompte ne pouvait souffrir aucune difficulté.

La pratique l'a depuis longtemps consacrée. Le délit qui résulte d'une publication n'implique d'ordinaire aucune nécessité d'information (v. L. 26 mai 1819, art. 1ᵉʳ; 27 juillet 1849, art. 16 — même après saisie, dit cette loi; — 15 avril 1871, art. 1ᵉʳ, et 29 décembre 1875, art. 4).

Les seules restrictions que nous ayons apportées à cette première règle ont trait à la nécessité d'une plainte de la part d'une certaine catégorie de personnes outragées ou diffamées.

Ces restrictions reproduites dans les lois du 26 mai 1819 (art. 1, 2, 3, 4, 5, et 29 décembre 1875, art. 5) sont favorables à la liberté. En effet, si elles ont pour objet de ménager les susceptibilités de la partie qui a à se plaindre, elles sont surtout une garantie pour la partie qui a à se défendre contre la poursuite.

Elles ont encore un avantage, celui de modérer l'ardeur de la vindicte publique.

Les § 2, 3, 4, 5, 6, 7 et 8 de l'article 50 enseignent comment l'action du ministère public doit être mise en mouvement, selon la situation, la qualité, le titre des personnalités diverses, collectives ou individuelles qui peuvent avoir à demander justice contre l'outrage, l'injure ou la diffamation.

Le numéro 8 exige une mention et une explication particulières. — Nous vous proposons de donner au plaignant, dans le cas où, d'après l'article 38, le jury est compétent, le droit de citer directement devant la cour d'assises; c'est là une innovation dont vous apprécierez la justice et l'utilité: elle rend au plaignant toute sa liberté d'action en même temps qu'elle engage sa seule responsabilité.

XXXVIII

La faculté que notre article 50 donne au ministère public de citer directement ne fait pas obstacle au droit de requérir une information, s'il la juge nécessaire.

C'est ce qu'a décidé la Cour de cassation sous l'empire de la loi du 27 juillet 1849, qui est encore en vigueur; et il n'y a aucune raison pour déroger à cette règle.

Nous avons dû nous préoccuper, à ce point de vue, du droit que les articles 37, 38, 87, 88, 89 et 90 du Code d'instruction criminelle confèrent aux procureurs de la République et aux juges d'instruction, de saisir les papiers et effets qui peuvent servir à la manifestation de la vérité, et nous demander si nous devions rendre ces dispositions applicables à la poursuite des crimes et délits commis par la voie de la presse ou de la parole.

Nous avons été amenés à l'examen de cette question par la raison qu'une des lois que nous abrogeons, celle du 26 mai 1819, en édictant des règles spéciales en matière de saisie, a dérogé, dans un sens favorable à la liberté de la presse, aux règles du droit commun. Ce sont les dispositions des articles, 7, 8, 9, 10, 11, de la loi du 26 mai 1819, abrogées par la loi du 25 mars 1822, rétablies par celle du 27 juillet 1849, abrogées de nouveau par le décret du 17 février 1852 et de nouveau rétablies par les lois des 15 avril 1871 et 29 décembre 1875.

Dans sa proposition de loi, notre honorable collègue M. Naquet en demande le maintien; c'est une de celles qu'il ne supprime pas.

Dans le système de cette loi, le droit de saisie est maintenu; il n'est assujetti qu'à certains délais impartis aux magistrats instructeurs pour notifier l'ordonnance de saisie et pour statuer sur les résultats de l'information.

Nous n'avons pas cru devoir adopter ces dispositions qui peuvent, dans la pratique, donner lieu à de graves abus. La saisie illimitée de toute une édition, s'il s'agit d'écrits imprimés ordinaires, de tout un tirage s'il s'agit de journaux, à l'occasion de la prévention d'un simple délit qui peut même dégénérer en une contravention, est une mesure exorbitante, quelles que soient les précautions que l'on prenne pour accélérer la marche de la procédure.

Nous avons voulu interdire d'une façon absolue le droit de saisie.

Nous ne faisons qu'une seule exception à cette interdiction, c'est au cas où le dépôt prescrit par les articles 5 et 12 de la loi nouvelle n'a pas été effectué.

Et même dans ce cas la saisie devra se borner

à quatre exemplaires de l'écrit, ou quatre numéros du journal incriminé (art. 52).

Nous concilions ainsi les règles du droit commun avec les légitimes revendications de la liberté.

XXXIX

Art. 53. — Cette disposition, qui n'est que la reproduction à peu près textuelle de l'article 6 de la loi du 26 mai 1819, abrogée par l'article 27 du décret du 17 février 1852, est encore dictée par l'intérêt de la défense; il faut que le prévenu soit mis à même de pouvoir repousser la prévention : il faut donc qu'il la connaisse.

L'article 53 exige en conséquence que la citation, soit à la requête du ministère public, soit à la requête de la partie plaignante, contienne l'indication précise des écrits, des imprimés, placards, dessins, affiches, etc., qui seront l'objet de la poursuite ainsi que la qualification des faits; et pour éviter toute équivoque, nous exigeons que la citation indique les textes de loi invoqués à l'appui de la demande.

Comme le projet de loi donne au plaignant la faculté de saisir la cour d'assises, ainsi que nous venons de le voir, et qu'il doit seulement se pourvoir d'une ordonnance du président, l'article 53 décide que la citation, dans ce cas-là, doit porter copie de cette ordonnance.

La citation donnée au nom du plaignant doit énoncer, en outre, l'élection de domicile dans le lieu où siège la cour d'assises. — Elle doit être notifiée tant au prévenu qu'au ministère public.

L'article 53 n'a rien de comminatoire; les formalités qu'il exige sont prescrites à peine de nullité de la poursuite.

Les articles 53 et 54 fixent le délai qui doit s'écouler entre la citation et la comparution en cour d'assises.

S'il ne s'agit pas de diffamation, le délai sera de cinq jours.

S'il s'agit au contraire de diffamation, comme dans ce cas-là il peut y avoir lieu à faire la preuve de la vérité des imputations, nous avons cru meilleur de fixer un délai plus long, celui de douze jours.

Le paragraphe 2 de notre article 53 fait connaître comment ce délai doit être employé.

Le prévenu qui veut faire la preuve de la vérité des faits diffamatoires aura cinq jours à partir de la notification de la citation pour signifier au ministère public près la cour d'assises et au plaignant, au domicile par lui élu, selon qu'il est assigné par l'un ou par l'autre :

1° Les faits articulés et qualifiés dans la citation, desquels il entend prouver la vérité;

2° La copie des pièces;

3° Les nom, profession et demeure des témoins qu'il entend administrer.

L'article exige que l'exploit de signification contienne élection de domicile près la cour d'assises.

A défaut de remplir les formalités qui viennent d'être indiquées, le prévenu sera déchu du droit de faire la preuve.

Nous avons pensé que le délai de cinq jours était suffisant d'autant mieux qu'un pareil délai doit être accordé à la partie adverse, et que celui de la comparution ne doit être que de douze jours, en vue de la célérité qu'exige la solution de semblable procès, devant une juridiction qui n'est pas permanente.

Si la loi du 26 mai 1819, art. 21, a fixé un délai de huit jours, c'est qu'à cette époque les communications étaient moins faciles et moins rapides qu'au temps où nous vivons.

L'article 55 n'est que la contre-partie de l'article 54.

Il accorde également cinq jours au plaignant pour répondre à la notification que lui a fait signifier le prévenu.

Art. 57. — Si le prévenu a été présent à l'appel des jurés, il devra formuler toute demande en renvoi, et soulever tout incident de procédure avant le tirage au sort des jurés, à peine de forclusion. Pas d'observation.

Le prévenu présent à l'appel des jurés, pourrait selon le résultat du tirage au sort des douze jurés de jugement, ou même pendant cette opération, selon la nature de ses appréhensions, chercher à éviter un débat contradictoire, ce qui retarderait la solution.

La loi du 27 juillet 1849 a pourvu à cet inconvénient, en décidant, par son article 19, qu'après l'appel et le tirage au sort des jurés, le prévenu ne pourra plus faire défaut. L'arrêt qui intervient ensuite est considéré comme définitif, et il est procédé avec le concours du jury, comme si le prévenu était présent. Nous avons adopté cette règle avec cette légère modification que le prévenu ne pourra plus faire défaut, quand bien même il se fût retiré, pendant le tirage au sort, et non pas seulement après l'accomplissement intégral de cette opération.

En conséquence, l'arrêt qui interviendra, soit sur la forme, soit sur le fond, sera définitif, quand bien même le prévenu se retirerait de l'audience ou refuserait de se défendre. Dans ce cas, il sera procédé avec le concours du jury et comme si le prévenu était présent.

Si le prévenu n'a nullement comparu, l'arrêt qui intervient est alors par défaut.

L'article 59 règle cette hypothèse.

Nous avons reproduit à cet égard la disposition de l'article 17 de la loi du 27 juillet 1849.

Nous y avons introduit deux modifications que nous avons empruntées au nouvel article 187 du Code d'instruction criminelle.

En premier lieu, le délai pour l'opposition sera de cinq jours au lieu de trois, à partir de la signification de l'arrêt.

En second lieu, le délai ne courra que si cette signification a été faite à la personne même du prévenu, ou s'il résulte d'actes d'exécution de l'arrêt que le prévenu en a eu connaissance. Dans le cas contraire, l'opposition sera recevable jusqu'à l'expiration des délais de la prescription.

Adoptant une règle consacrée par l'usage en matière civile, nous donnons à la cour d'assises la faculté de laisser à la charge du prévenu demandeur en opposition les frais de l'expédition, de la signification de l'arrêt et de l'opposition.

Il peut arriver que le prévenu forme ou ne forme pas opposition à l'arrêt qui l'a condamné par défaut.

Si le prévenu ne forme pas opposition ou qu'ayant formé opposition il ne comparaisse pas, l'arrêt déjà rendu par défaut devient définitif.

Ce sont là les principes généraux du droit.

Il est également de règle que l'opposition, en matière criminelle, vaut citation à la première audience. En cas de non-comparution, l'arrêt rendu par défaut sera également définitif.

Le tout est réglé par les articles 59 et 60.

XL

L'article 61 du projet constitue une innovation fort importante dans la législation.

On sait qu'aux termes de l'article 358 du Code d'instruction criminelle, l'accusé même acquitté peut être condamné à des dommages-intérêts par la cour d'assises, quand il y a partie civile en cause.

On sait aussi à quelles critiques et à quels abus a donné lieu, même en matière ordinaire, la pratique de cette règle de droit commun.

Le souvenir n'est pas encore éloigné de cet arrêt rendu par la cour d'assises des Bouches-du-Rhône qui, après un verdict négatif sur une question de blessures faites et de coups volontairement portés, condamna néanmoins à des dommages-intérêts en déclarant qu'il était résulté des débats que l'accusé avait maladroitement porté un coup qui pouvait lui être imputé à faute. Il est vrai que cet arrêt, *peu adroit*, fut cassé le 7 mai 1864.

Eh bien, une jurisprudence récente applique l'article 358 aux délits jugés par la cour d'assises, délits qui ne sont autres que ceux qui peuvent avoir été commis par la presse ou par la parole.

Il est arrivé que des journalistes acquittés par le jury ont expié le délit qu'ils n'avaient pas commis, par des condamnations à des dommages-intérêts qui excédaient le maximum des amendes prononcées par la loi.

C'est, peut-être, une application rigoureusement exacte de la loi criminelle.

Mais nous avons pensé qu'il était difficile, dans la matière qui nous occupe, de ne pas abroger cet usage, de laisser subsister un quasi-délit après l'acquittement du délit, et surtout de supposer que le jury, en répondant *non* sur la question de culpabilité intentionnelle, n'a pas eu la volonté d'absoudre entièrement le prévenu

D'ailleurs, c'est par une sorte de prorogation de juridiction que la cour d'assises connaît des délits commis par la voie de la presse ou de la parole.

Or, en matière de délits, les tribunaux correctionnels ne peuvent condamner à des dommages-intérêts le prévenu acquitté. C'est le plaignant seul qui dans ce cas y est exposé.

Telles sont les raisons qui nous ont portés à décider par notre article 61 : — « En cas d'acquittement par le jury, s'il y a partie civile en cause, la cour ne pourra statuer que sur les dommages-intérêts réclamés par le prévenu. Ce dernier devra être renvoyé de la plainte sans dépens ni dommages-intérêts au profit du plaignant. »

XLI

Le jury devenant compétent en matière de délits commis par la voie de la presse ou par tout autre moyen de publication, et pouvant être saisi directement par la partie plaignante elle-même dans les cas prévus par notre projet de loi, ce qui peut charger le rôle, il arrivera souvent que les sessions ordinaires des cours d'assises appelées à statuer seront terminées, et la session qui doit suivre, assez éloignée pour que la partie publique, la partie civile, ou le prévenu ait à souffrir de cet ajournement.

Notre article donne satisfaction à ces divers intérêts.

Il décide qu'il pourra être formé une cour d'assises extraordinaires, par ordonnance motivée du premier président. C'est une application spéciale des articles 259 du Code d'instruction criminelle et 81 du décret du 6 juillet 1810 (1).

____

(1) 259. — La tenue des assises aura lieu tous les six mois. Elles pourront se tenir plus souvent, si le besoin l'exige.

81. — Dans les cas prévus par l'article 259 du

6

L'article 62 est ainsi conçu :

« Si, au moment où le ministère public ou le plaignant exerce son action, la session de la cour d'assises est terminée et s'il ne doit pas s'en ouvrir d'autre à une époque rapprochée, il pourra être formé une cour d'assises extraordinaires, par ordonnance motivée du premier président. Cette ordonnance prescrira le tirage au sort des jurés conformément à la loi.

« L'article 81 du décret du 6 juillet 1810 sera applicable aux cours d'assises extraordinaires formées en exécution du paragraphe précédent. »

XLII

B. — TRIBUNAUX DE POLICE CORRECTIONNELLE ET DE SIMPLE POLICE.

La procédure à suivre devant les tribunaux de police correctionnelle et de simple police, c'est la procédure ordinaire, telle qu'elle est réglée par le Code d'instruction criminelle.

Le paragraphe 1ᵉʳ de l'article 63 du projet y renvoie purement et simplement.

Par le paragraphe 2, nous nous bornons à rappeler que la citation doit à peine de nullité préciser et qualifier le fait incriminé et indiquer le texte de loi applicable à la poursuite.

C'est l'extension à la poursuite devant les tribunaux, de la règle que nous avons déjà posée pour la poursuite devant le jury.

C. — POURVOIS EN CASSATION

Nous donnons au prévenu ainsi qu'à la partie civile, quant à ses intérêts civils, le droit de se pourvoir en cassation. Le même droit ne pouvait être attribué au ministère public; ç'aurait été déroger aux règles du droit commun au préjudice de la liberté (art. 64.)

Il est certains cas où le pourvoi en cassation est subordonné, pour être recevable, à la mise en état du prévenu.

Code d'instruction criminelle, d'une tenue extraordinaire d'assises, les présidents de la dernière assise sont nommés de droit pour présider les assises extraordinaires. En cas de décès ou empêchement légitime, le président de l'assise sera remplacé à l'instant où la nécessité de la tenue de l'assise extraordinaire sera connue : le remplacement sera fait par le premier président. L'ordonnance du remplacement contiendra l'époque fixe de l'ouverture de cette assise.

Il est également nécessaire, hors le cas d'indigence constatée, de consigner l'amende, qui est de 150 francs.

La mise en état du prévenu nous a paru exceptionnellement rigoureuse, d'autant mieux que les tribunaux ont la faculté discrétionnaire d'en dispenser. Quant à la consignation de l'amende, c'est une sorte de cautionnement.

Nous avons supprimé l'une et l'autre de ces mesures. Il y avait d'autant moins lieu d'hésiter, quant à la seconde, que la même dispense existe en fait de pourvoi contre les décisions du jury en matière d'expropriation pour utilité publique.

Art. 65. — Cette disposition règle les délais du pourvoi et de la transmission des pièces à la cour de cassation, ainsi que celui dans lequel la cour suprême doit régulièrement statuer.

XLIII

§ 4. — *Récidive. — Circonstances atténuantes. — Prescription*

Devions-nous conserver dans une législation que vous nous avez chargé de réviser dans un sens libéral, la disposition du droit commun qui commande au juge d'aggraver les peines encourues, en cas de récidive? (Art. 57 et 58 du Code pénal.)

Nous ne l'avons pas pensé.

Sans aller jusqu'à exclure les conséquences pénales de la récidive, et contrairement à l'article 25 de la loi du 17 mai 1819, nous disons que l'aggravation prévue par la loi ne sera pas obligatoire.

Nous nous bornons à la rendre facultative.

La question d'aggravation des pénalités nous amenait à nous expliquer sur leur atténuation.

Nous n'avons pas hésité à rendre l'article 463 du Code pénal applicable à tous les cas prévus par la loi nouvelle.

L'article 463 du Code pénal, dit notre article 67, est applicable à tous les cas prévus par la présente loi.

Nous avons évité de nous servir de l'expression *délits* pour ne pas donner lieu à l'équivoque et laisser supposer que nous refusions le bénéfice des circonstances atténuantes aux infractions qui sont plutôt des contraventions matérielles que des délits intentionnels. Nous avons profité, à cet égard, de l'expérience du passé et avons été averti par les controverses qu'avaient provoquées les dispositions des articles 8 du décret du 11 août 1848, 23 de la loi du 27 juillet 1849, et qu'avait voulu faire cesser l'article 10 de la loi du 11 mai 1868. Comme il n'y aura plus d'autre loi en matière de crimes, de délits ou de contraventions commis par la voie de la presse ou de la parole, que celle-ci, l'application de l'article 463 *à tous les cas prévus par cette loi* ne permettra plus aucune espèce de doute.

Art. 67. — Vous savez qu'à la différence du cas où la condamnation prononcée est une peine afflictive ou infamante, lorsque la peine est une peine correctionnelle, l'article 463 n'oblige pas le juge à graduer.

La peine est une, c'est l'amende ou l'emprisonnement.

L'admission des circonstances atténuantes, de la part du jury, a seulement pour effet de donner à la cour la faculté de se mouvoir entre le minimum et le maximum de la peine elle-même, de telle sorte que la cour d'assises peut ne tenir aucun compte de cette partie du verdict.

Nous avons voulu faire disparaître cette anomalie qui a si souvent surpris les jurés, affecté l'opinion publique et causé dommage au prévenu.

Notre article 67 décide que, lorsqu'il y aura lieu de faire l'application de l'article 463, la peine prononcée ne pourra excéder la moitié de celle édictée par la loi; c'est une sorte de graduation que nous avons introduite dans les pénalités correctionnelles.

Le droit commun pourra plus tard emprunter à notre loi cette libérale et logique innovation.

XLIV

La dernière disposition de notre projet fixe le délai de la prescription.

Nous appliquons la même règle à l'action publique et à l'action civile.

L'une et l'autre seront prescrites après trois mois révolus (art. 68).

L'article 29 de la loi du 26 mai 1819 fixait à six mois la prescription de l'action publique et à trois ans celle de l'action civile.

Le décret du 17 février 1852 a abrogé cette disposition, et par l'article 27 il applique implicitement à l'une et l'autre action la prescription établie par le Code d'instruction criminelle, c'est-à-dire celle de trois ans.

L'article 27 de ce décret est encore en vigueur; il n'a été abrogé ni par la loi du 15 avril 1871, ni par la loi du 29 décembre 1875.

Il cessera d'être, par l'effet de la loi nouvelle. La prescription de trois mois s'appliquera à l'action civile non moins qu'à l'action publique.

Ce délai ne courra pas, en cas d'outrage envers les Chambres, dans l'intervalle des sessions et des prorogations.

Il pourrait arriver qu'au moment de la promulgation de la loi nouvelle, certaines prescriptions fussent commencées sous l'empire des lois existantes, c'est-à-dire l'article 27 du décret du 17 février 1852.

Le délai prévu par cet article est de trois ans, au lieu de trois mois.

Pas de difficulté si, à l'époque de la publication de la loi nouvelle, le délai restant à courir pour l'accomplissement de ces prescriptions était moindre de trois mois; notre article 68 pourvoirait à la situation, sans qu'il fût besoin de s'en expliquer autrement; mais si le délai restant à courir était de plus de trois mois, serait-ce la prescription de trois ans qui serait applicable ou bien celle de trois mois édictée par notre article 68?

Pourrait-on invoquer pour le décider affirmativement le principe de la non-rétroactivité ? (Code civil, art. 2).

Nous disons non, par le dernier paragraphe de notre article 68. La non-rétroactivité est une disposition favorable, elle ne doit pas dégénérer en un résultat contraire.

C'est ce que décide, dans sa partie finale, notre article 68. L'idée en est empruntée à l'article 2281 du Code civil :

« Les prescriptions commencées à l'époque de la publication de la présente loi, et pour lesquelles il faudrait encore, suivant les lois existantes, plus de trois mois à compter de la même époque, seront, par ce laps de trois mois, définitivement accomplies. »

Si la prescription de trois mois efface les délits et les contraventions prévus par la loi nouvelle, il en est différemment des crimes; ils restent soumis aux règles de la prescription ordinaire, telle qu'elle est réglée par l'article 637 du Code d'instruction criminelle.

XLV

Dispositions transitoires

Elles sont au nombre de deux et n'ont besoin que d'être signalées.

Art. 69. — La première invite les journaux ou écrits périodiques qui existeront au jour de la promulgation de la loi à se conformer aux règles établies par les articles 9 et 10, sous peine de tomber sous l'application de l'article 11.

Art. 70. — La seconde est relative au remboursement des cautionnements. Elle accorde un délai au Trésor public.

C'est une mesure d'ordre.

Ni l'une ni l'autre de ces deux dispositions transitoires n'ont besoin d'explication.

XLVI

La tâche de votre commission est maintenant remplie.

Nous croyons avoir fait une œuvre complète, simple et libérale.

Elle est complète, en ce sens qu'elle se suffit à elle-même; elle est simple ou tout au moins simplifiée, en ce sens qu'elle remplace, par une seule loi en soixante-huit dispositions, quarante-deux lois au moins, formant environ trois cent vingt-cinq articles.

Elle est libérale autant et plus que celle d'aucune autre législation, sans excepter surtout la législation anglaise qu'invoquent si souvent les partisans de la liberté.

« La presse anglaise, dit M. Cucheval-Clarigny, est, de nos jours, celle qui a le plus de crédit sur les lecteurs auxquels elle s'adresse, aucune pourtant n'a eu à lutter *contre des entraves plus fortes et une persécution plus longue.*

. . . .

. . . .

« A l'école d'une longue persécution et sous le joug d'une législation rigoureuse, la presse anglaise a appris la modération et la réserve; elle apporte dans sa polémique sur les affaires intérieures une grande mesure et beaucoup de dignité; s'abstenant de toute attaque violente contre les personnes et les institutions, elle donne à vrai dire peu de prise contre elle.

« L'abus inouï qui a été fait jusqu'en 1830 des poursuites judiciaires contre les journaux a mis du côté de la presse l'opinion publique, qui s'alarmerait et s'irriterait d'un retour à la violence des Liverpool et des Castlereagh. La politique a donc commandé au gouvernement de fermer les yeux sur quelques écarts accidentels, en même temps que la tolérance lui était rendue facile par la modération habituelle des journaux.

« Si donc il n'y a pas eu depuis quelques années de procès de presse en Angleterre, cela tient à l'état de l'opinion et aux mœurs publiques du pays, non à une législation plus libérale qu'ailleurs. Ce n'est pas, comme lord Palmerston semblait le faire entendre, que l'Angleterre concède aux opinions plus de liberté que les autres Etats : c'est qu'on y abuse moins de la liberté limitée, mais suffisante, qu'on y accorde. La limite imposée par les mœurs et les habitudes empêche seule de rencontrer et de voir la limite imposée par la loi. »

La loi que nous avons l'honneur de vous proposer n'a pas à dissimuler les limites qu'elle impose ; elle peut les laisser apercevoir.

Ces limites ne sont autres que celles qu'impose à tout citoyen d'un pays libre et bien réglé le devoir absolu de ne troubler ni la sécurité publique ni la sécurité privée.

Aussi avons-nous la ferme persuasion que cette loi, dans toutes ses parties, est digne de vous, qui en avez pris l'initiative, et du Gouvernement, qui l'accepte.

TEXTE DU PROJET DE LOI

Dispositions préliminaires

ARTICLE PREMIER.

Sont abrogées, sauf les exceptions contenues en l'article 2, les lois, décrets, ordonnances, arrêtés, règlements, déclarations, articles ou dispositions généralement quelconques relatifs à l'imprimerie, à la librairie, à la presse périodique ou non périodique, au colportage, à l'affichage, à la vente sur la voie publique et aux crimes et délits commis par la parole, la presse ou tout autre moyen de publication.

Ces matières ne seront plus soumises qu'aux prescriptions de la présente loi et des articles mentionnés en l'article 2.

Art. 2.

Sont formellement exceptées de l'abrogation prononcée par l'article précédent les articles 1, 3 et 4 de la loi du 18 germinal an X (1), l'article 36 de la loi du 21 germinal an XI, et l'article 1er de la loi du 29 pluviôse an XIII (2), les articles 1 et 2 du décret du 7 germinal an XIII (3), les articles 1 et 2 du décret du 20 février 1809 (4), l'article 4 de la loi du 21 mai 1836 (5), l'article 9 de la loi du 24 mai 1834 et l'article 6 de la loi du 7 juin 1848 (6), l'art. 2 de la loi du 27 juillet 1849 (7), les articles 7 et 8 de la loi du 27 juillet 1879 (8), l'article 45 du décret du 2 février 1852 (9), le

---

(1) Publication des bulles, rescrits, etc., etc.
(2) Annonces ou affiches de remèdes non autorisés.
(3) Impression de livres d'église.
(4) Impression des manuscrits de l'État.
(5) Distribution de billets de loteries interdites.
(6) Provocation à des attroupements.
(7) Provocation aux militaires pour les détourner de leurs devoirs.
(8) Provocation à un rassemblement sur la voie publique, ayant pour objet la discussion, la rédaction ou l'apport de pétitions aux Chambres.
(9) Outrages envers les bureaux électoraux.

§ 5 de l'article 5 de la loi du 25 mai 1838 (1), les articles 201, 202, 203, 204, 205 et 206 du Code pénal (2), les articles 222, 223, 224, 225, 226 et 227 du même Code (3), les articles 260, 261, 262, 263 et 264 du même Code (4), les articles 419 et 420 du même Code (5), les lois et dispositions législatives relatives aux sociétés civiles et commerciales, à la propriété industrielle, littéraire ou artistique, et aux droits du fisc, et les dispositions du Code d'instruction criminelle qui ne sont pas contraires aux prescriptions du chapitre V de la présente loi.

CHAPITRE PREMIER

De l'imprimerie et de la librairie.

Art. 3.

L'imprimerie et la librairie sont libres.

Art. 4.

Tout imprimé rendu public portera l'indication du nom et du domicile de l'imprimeur, à peine, *contre lui,* d'une amende de 5 à 15 fr. et d'un emprisonnement de un à cinq jours, ou de l'une de ces deux peines seulement.

La peine de l'emprisonnement sera nécessairement prononcée si, dans les douze mois précédents, l'imprimeur a été condamné pour contravention de même nature.

Art. 5.

Au moment de la publication de tout imprimé, il en sera fait par l'imprimeur, sous peine d'une amende de 16 à 300 fr., un dépôt de deux exemplaires, destinés aux collections nationales.

Ce dépôt sera fait, au ministère de l'intérieur, pour Paris; à la préfecture, pour les chefs-lieux de département; à la sous-préfecture,

pour les chefs-lieux d'arrondissement; et, pour les autres villes, à la mairie.

Sont exceptés de cette disposition les bulletins de vote, les circulaires commerciales ou industrielles, et les ouvrages dits de ville ou *bilboquets.*

Art. 6.

Les dispositions qui précèdent sont applicables à tous les genres d'impression ou reproduction destinés à être publiés.

CHAPITRE II

De la presse périodique.

§ 1er. — DU DROIT DE PUBLICATION, DE LA GÉRANCE, DE LA DÉCLARATION, ET DU DÉPOT AU PARQUET

Art. 7.

Tout journal ou écrit périodique peut être publié, sans autorisation préalable et sans dépôt de cautionnement, après la déclaration prescrite par l'article 9.

Art. 8.

Tout journal ou écrit périodique aura un gérant.

Le gérant devra être Français, majeur, et avoir la jouissance de ses droits civils, et n'être privé de ses droits civiques par aucune condamnation judiciaire.

Art. 9.

Avant la publication de tout journal ou écrit périodique, il sera fait, au parquet du procureur de la République, une déclaration contenant :

1° Le titre du journal ou écrit périodique et son mode de publication ;

2° Le nom et la demeure des propriétaires ;

3° Le nom et la demeure du gérant ;

4° L'indication de l'imprimerie où il doit être imprimé.

Cette déclaration sera accompagnée du dépôt des titres de propriété du journal ou écrit périodique.

Toute mutation dans les conditions ci-dessus énumérées sera déclarée dans les cinq jours qui suivront.

---

(1) Action civile pour injure ou diffamation en justice de paix.

(2) De 201 à 206, attaques émanées des ministres des cultes.

(3) De 222 à 227, outrages envers les dépositaires de l'autorité et de la force publique, dans l'exercice de leurs fonctions.

(4) De 260 à 264, entraves au libre exercice des cultes.

(5) Fausses nouvelles de nature à troubler les marchés publics.

Art. 10.

Les déclarations seront faites par écrit, sur papier timbré, et signées par les gérants et les propriétaires fondateurs ou leurs successeurs. Il en sera donné récépissé, ainsi que du dépôt des titres de propriété.

Art. 11.

En cas de contravention aux dispositions prescrites par les articles 8, 9 et 10, le propriétaire, le gérant ou, à défaut, l'imprimeur seront punis d'une amende de 50 fr. à 500 francs.

Le journal ou écrit périodique ne pourra continuer sa publication qu'après avoir rempli les formalités ci-dessus prescrites, à peine, si la publication irrégulière continue, d'une amende de 100 francs, prononcée solidairement contre les mêmes personnes, pour chaque numéro publié à partir du jour de la prononciation du jugement de condamnation, si ce jugement est contradictoire, et du troisième jour qui suivra sa notification, s'il a été rendu par défaut, et ce, nonobstant opposition ou appel, si l'exécution provisoire est ordonnée.

Le condamné, même par défaut, peut immédiatement interjeter appel. Il sera statué par la cour dans le délai de trois jours.

Art. 12.

Au moment de la publication de chaque feuille ou livraison du journal ou écrit périodique, il sera remis au parquet du procureur de la République, ou à la mairie dans les villes où il n'y a pas de tribunal de première instance, deux exemplaires signés du gérant.

Ce dépôt sera effectué sous peine de 50 fr. d'amende contre le gérant.

Art. 13.

Le nom du gérant sera imprimé au bas de tous les exemplaires, à peine, contre l'imprimeur, de 100 francs d'amende, par chaque numéro publié en contravention de la présente disposition.

§ 2. — DES RECTIFICATIONS ET ANNONCES JUDICIAIRES

Art. 14.

Le gérant sera tenu d'insérer gratuitement, en tête du journal ou écrit périodique, toutes les rectifications qui lui seront adressées par un dépositaire de l'autorité publique, au sujet des actes de sa fonction, qui auront été inexactement rapportés par ledit journal ou écrit périodique.

Ces rectifications devront être insérées dans le plus prochain numéro qui paraîtra après leur réception.

En cas de contravention, le gérant sera puni d'une amende de 100 francs à 1,000 francs.

Art. 15.

Le gérant sera tenu d'insérer, dans les trois jours de leur réception ou dans le plus prochain numéro, s'il n'en était pas publié avant l'expiration des trois jours, les rectifications de toute personne nommée ou désignée dans le journal ou écrit périodique, sous peine d'une amende de 50 fr. à 500 fr., sans préjudice des autres peines et dommages-intérêts auxquels l'article incriminé pourrait donner lieu.

Cette insertion devra être faite à la même place et en les mêmes caractères que l'article qui l'aura provoquée.

Elle sera gratuite, lorsque les rectifications ne dépasseront pas le double de la longueur dudit article. Si elles le dépassent, le prix d'insertion sera dû pour le surplus seulement. Il sera calculé au prix des annonces judiciaires.

Art. 16.

Les annonces judiciaires et légales pourront être insérées, au choix des parties, dans l'un des journaux publiés en langue française dans le département.

Néanmoins toutes les annonces judiciaires relatives à une même procédure de vente seront insérées dans le même journal, à peine de nullité.

§ 3. — DES JOURNAUX OU ÉCRITS PÉRIODIQUES ÉTRANGERS

Art. 17.

Les journaux ou écrits périodiques publiés à l'étranger pourront circuler en France sans autorisation préalable, sauf interdiction spéciale de la part du Gouvernement, qui sera portée à la connaissance du public, par arrêté du ministre de l'intérieur inséré au *Journal officiel*.

Si leur circulation est interdite par le Gouvernement, ceux qui, au mépris de cette interdiction, les auront sciemment mis en vente ou distribués, seront punis d'une amende de 100 fr. à 3,000 fr.

CHAPITRE III

De l'affichage, du colportage et de la vente sur la voie publique.

---

§ 1er. — DE L'AFFICHAGE

Art. 18.

Dans chaque commune le maire désignera, par arrêté, les lieux exclusivement destinés à recevoir les affiches des lois et autres actes de l'autorité publique.

Il est interdit d'y placarder des affiches particulières.

Les affiches des actes émanés de l'autorité seront seules imprimées sur papier blanc.

Toutes contraventions aux dispositions du présent article seront punies des peines portées en l'article 4.

Art. 19.

Les professions de foi, circulaires et affiches électorales pourront être placardées, à l'exception des lieux réservés par l'article précédent, sur tous les édifices publics et particulièrement aux abords des salles de scrutin.

Art. 20.

Ceux qui auront enlevé, déchiré, recouvert ou altéré par un procédé quelconque, de manière à les travestir ou à les rendre illisibles, des affiches apposées par ordre de l'Administration seront punis d'une amende de 5 à 15 francs.

Si le fait a été commis par un fonctionnaire ou un agent de l'autorité publique, la peine sera d'une amende de 16 à 100 francs et d'un emprisonnement de six jours à un mois, ou de l'une de ces deux peines seulement.

Seront punis d'une amende de 5 à 15 francs ceux qui auront enlevé, déchiré, recouvert ou altéré par un procédé quelconque, de manière à les travestir ou à les rendre illisibles, des affiches électorales émanant de simples particuliers, apposées ailleurs que sur les propriétés de ceux qui auront commis cette lacération ou altération.

La peine sera d'une amende de 16 à 100 fr. et d'un emprisonnement de six jours à un

mois ou de l'une de ces deux peines seulement, si le fait a été commis par un fonctionnaire ou agent de l'autorité publique, à moins que les affiches n'aient été apposées dans les lieux réservés par l'art. 18.

§ 2. — DU COLPORTAGE ET DE LA VENTE SUR LA VOIE PUBLIQUE

Art. 21.

Quiconque voudra exercer la profession de colporteur ou de distributeur sur la voie publique ou en tout autre lieu public ou privé, de livres, écrits, brochures, journaux, dessins, gravures, lithographies et photographies, sera tenu d'en faire la déclaration à la préfecture du département où il a son domicile et de justifier qu'il est Français et qu'il n'a pas encouru une condamnation pouvant entraîner privation de ses droits civils et politiques.

Toutefois, en ce qui concerne les journaux et autres feuilles périodiques, la déclaration pourra être faite, soit à la mairie de la commune dans laquelle doit se faire la distribution, soit à la sous préfecture. Dans ce dernier cas, la déclaration produira son effet pour toutes les communes de l'arrondissement.

Art. 22.

La déclaration contiendra les nom, prénoms, profession, domicile, âge et lieu de naissance du déclarant.

Il sera délivré immédiatement et sans frais au déclarant un récépissé de sa déclaration.

Tout colporteur ou distributeur devra être, en outre, muni d'un catalogue qui contiendra l'indication des objets énumérés à l'article premier destinés à la vente. Ce catalogue sera dressé sur un livret qui sera coté, visé et paraphé à l'avance par le préfet ou le sous-préfet.

Pour le colportage et la distribution des journaux dans une commune, le livret pourra être visé par le maire.

Le récépissé et le catalogue devront être présentés par le colporteur, à toute réquisition de l'autorité compétente qui aura toujours le droit de vérifier si les objets colportés ou distribués sont mentionnés au catalogue.

Les objets mentionnés au catalogue pourront seuls être colportés ou distribués.

Art. 23.

La distribution et le colportage accidentels ne sont assujettis à aucune déclaration.

Art. 24.

L'exercice de la profession de colporteur ou de distributeur sans déclaration préalable, ou après déclaration faite par un individu incapable en vertu de l'article 25 ci-après, la fausseté de la déclaration, l'absence de catalogue, la détention par le colporteur ou distributeur d'objets non mentionnés au catalogue, le défaut de présentation à toute réquisition du récépissé ou du catalogue, constituent des contraventions.

Les contrevenants seront punis d'une amende de 5 à 15 francs, et pourront l'être en outre d'un emprisonnement d'un à cinq jours.

En cas de récidive, de déclaration mensongère ou de déclaration faite par un individu incapable en vertu de l'article 25 ci-après, l'emprisonnement sera nécessairement prononcé.

L'article 463 du Code pénal pourra être appliqué.

Art. 25.

Les colporteurs et distributeurs pourront être poursuivis conformément au droit commun, s'ils ont sciemment colporté ou distribué des livres, écrits, etc., présentant un caractère délictueux.

Les tribunaux pourront prononcer l'interdiction de l'exercice de la profession de colporteur ou de distributeur à tout individu condamné en vertu du présent article.

CHAPITRE IV

Des crimes et délits commis par la voie de la presse ou par tout autre moyen de publication.

---

§ 1er. — PROVOCATION AUX CRIMES ET DÉLITS

Art. 26.

Seront punis comme complices d'une action qualifiée crime ou délit, ceux qui, soit par des discours, cris ou menaces proférés dans des lieux ou réunions publics, soit par des écrits, des imprimés, des dessins, des gravures, des peintures ou emblèmes vendus ou distribués, mis en vente ou exposés dans des lieux ou réunions publics, soit par des placards ou affiches exposés aux regards du public, auront directement provoqué à la commettre, si la provocation a été suivie d'effet.

Cette disposition sera également applicable lorsque la provocation n'aura été suivie que d'une tentative de crime ou de délit, conformément aux articles 2 et 3 du Code pénal.

Art. 27.

Si la provocation n'est pas suivie d'effet, son auteur sera puni d'un emprisonnement de trois mois à deux ans et d'une amende de 100 francs à 3,000 francs, ou de l'une de ces deux peines seulement, lorsque l'action à laquelle il aura été provoqué est qualifiée crime.

Art. 28.

Toute provocation par l'un des moyens énoncés en l'article 26, adressée à des militaires des armées de terre ou de mer, dans le but de les détourner de leurs devoirs militaires et de l'obéissance qu'ils doivent à leurs chefs, sera punie d'un emprisonnement d'un à six mois et d'une amende de 16 à 100 fr., sans préjudice des peines plus graves prononcées par la loi, lorsque le fait constituera une tentative d'embauchage ou une provocation à une action qualifiée crime.

§ 2. — DÉLITS CONTRE LA CHOSE PUBLIQUE

Outrages envers les pouvoirs publics, cris séditieux, fausses nouvelles, outrage aux bonnes mœurs.

Art. 29.

Tout outrage, commis publiquement, d'une manière quelconque, envers le Président de la République, sera puni d'un emprisonnement de six mois à deux ans et d'une amende de 100 francs à 3,000 francs, ou de l'une de ces deux peines seulement.

La même pénalité est applicable à tout outrage commis par l'un des moyens énoncés en l'art. 26, envers la République, le Sénat ou la Chambre des députés.

Art. 30.

Tous cris séditieux proférés dans des lieux ou réunions publics seront punis d'un emprisonnement de six jours à six mois et d'une amende de 16 à 500 francs, ou de l'une de ces deux peines seulement.

Art. 31.

La publication ou reproduction de nouvelles fausses, de pièces fabriquées, falsifiées ou mensongèrement attribuées à des tiers, sera punie d'un emprisonnement d'un mois à un an, et d'une amende de 50 fr. à 1,000 fr., ou de l'une de ces deux peines seulement, lorsque la publication ou reproduction sera de nature à troubler la paix publique et qu'elle aura été faite de mauvaise foi.

Art. 32.

L'outrage aux bonnes mœurs, commis par l'un des moyens énoncés en l'article 26, sera puni d'un emprisonnement de quinze jours à un an et d'une amende de 16 fr. à 500 fr.

Si l'outrage est commis par des dessins, figures, images, ou emblèmes, les exemplaires exposés aux regards du public, mis en vente, colportés ou distribués, seront saisis et détruits.

§ 3. — DÉLITS CONTRE LES PERSONNES

Art. 33.

Toute allégation ou imputation d'un fait qui porte atteinte à l'honneur ou à la considération de la personne ou du corps auquel le fait est imputé, est une diffamation.

Toute expression outrageante, terme de mépris ou invective qui ne renferme l'imputation d'aucun fait est une injure.

Art. 34.

La diffamation commise par l'un des moyens énoncés en l'article 26 envers les cours d'appel, les tribunaux, les armées de terre ou de mer, les corps constitués et les administrations publiques, sera punie d'un emprisonnement de huit jours à un an et d'une amende de 100 fr. à 3,000 fr., ou de l'une de ces deux peines seulement.

Art. 35.

Sera punie de la même peine la diffamation commise par les mêmes moyens, à raison de leurs fonctions ou de leurs qualités, envers un ou plusieurs membres du ministère, un ou plusieurs membres de l'une ou de l'autre Chambre, un fonctionnaire public, un dépositaire ou agent de l'autorité publique, un ministre de l'un des cultes salariés par l'État, un citoyen chargé d'un service ou d'un mandat public temporaire ou permanent, un juré ou un témoin à raison de sa déposition.

Art. 36.

La diffamation commise envers les particuliers par l'un des moyens énoncés en l'art. 26

sera punie d'un emprisonnement de cinq jours à six mois et d'une amende de 25 fr. à 2,000 francs, ou de l'une de ces deux peines seulement.

Art. 37.

L'injure commise par les mêmes moyens envers les corps ou les personnes désignés par les articles 34 et 35 de la présente loi, sera punie d'un emprisonnement de six jours à trois mois et d'une amende de 16 à 500 francs.

L'injure commise de la même manière envers les particuliers, lorsqu'elle n'aura pas été précédée de provocation, sera punie d'un emprisonnement de cinq jours à deux mois et d'une amende de 16 fr. à 300 fr.

Si l'injure n'est pas publique, elle ne sera punie que de la peine prévue par l'article 471 du Code pénal.

Art. 38.

La vérité du fait diffamatoire pourra être établie, par toutes sortes de preuves, dans les cas où la diffamation est commise, soit envers l'un des corps indiqués dans l'article 34, soit envers les personnes indiquées dans l'article 35, mais seulement dans les cas où elle porte sur des faits relatifs à leurs fonction, ministère, mandat, service ou déposition.

Elle pourra l'être également, à l'égard de toute personne, lorsque le fait est passible, en le supposant prouvé, d'une peine quelconque et que le prévenu aura été lésé par le fait imputé.

Dans tous ces cas, si la preuve est rapportée, le prévenu sera renvoyé de la plainte.

§ 4. — DÉLITS CONTRE LES CHEFS D'ÉTAT ET AGENTS DIPLOMATIQUES ÉTRANGERS

Art. 39.

L'outrage commis publiquement envers les chefs d'Etat étrangers sera puni d'un emprisonnement de six mois à deux ans et d'une amende de 100 fr. à 3,000 fr. ou de l'une de ces deux peines seulement.

Art. 40.

L'outrage commis par les moyens énoncés en l'article 26 de la présente loi, envers les ambassadeurs et ministres plénipotentiaires, envoyés, chargés d'affaires ou autres agents diplomatiques accrédités près du Gouvernement de la République, sera puni d'un emprisonnement de huit jours à un an et d'une amende de 50 fr. à 2,000 fr. ou de l'une de ces deux peines seulement.

9

Art. 41.

Il est interdit de publier les actes d'accusation et tous autres actes de procédure criminelle ou correctionnelle avant qu'ils aient été lus en audience publique, sous peine d'une amende de 50 à 1,000 fr.

Art. 42.

Il est interdit de rendre compte des procès en diffamation où la preuve des faits diffamatoires n'est pas autorisée. La plainte seule pourra être publiée par le plaignant. Dans toute affaire civile, les cours et tribunaux pourront interdire le compte rendu du procès. Ces interdictions ne s'appliqueront pas aux jugements qui pourront toujours être publiés.

Il est également interdit de rendre compte des délibérations intérieures, soit des jurys, soit des cours et tribunaux.

Toute infraction à ces dispositions sera punie d'une amende de 100 fr. à 2,000 fr.

Art. 43.

Il est interdit d'ouvrir ou annoncer publiquement des souscriptions ayant pour objet d'indemniser des amendes, frais et dommages-intérêts prononcés par des condamnations judiciaires, en matière criminelle et correctionnelle, sous peine d'un emprisonnement de huit jours à six mois et d'une amende de 100 fr. à 1,000 fr., ou de l'une de ces deux peines seulement.

Art. 44.

Ne donneront lieu à aucune action en diffamation, injure ou outrage, les discours prononcés ou les écrits produits devant les tribunaux.

Pourront néanmoins les juges, saisis de la cause et statuant sur le fond, prononcer la suppression des discours injurieux, outrageants ou diffamatoires, et condamner qui il appartiendra à des dommages-intérêts. Les juges pourront aussi, dans le même cas, faire des injonctions aux avocats et officiers ministériels, ou même les suspendre de leurs fonctions. La durée de cette suspension ne pourra excéder six mois; en cas de récidive, elle sera d'un an au moins et de cinq ans au plus.

Pourront toutefois les faits diffamatoires étrangers à la cause donner ouverture soit à l'action publique, soit à l'action civile des parties, lorsque ces actions leur auront été réservées par les tribunaux et, dans tous les cas, à l'action civile des tiers.

CHAPITRE V

Des poursuites et de la répression.

Art. 45.

Seront passibles, comme auteurs principaux, des peines qui constituent la répression des crimes et délits commis par la voie de la presse, à l'exclusion ou à défaut les uns des autres et dans l'ordre ci-après, savoir : 1° les gérants ou éditeurs, quelles que soient leurs professions ou leurs dénominations; 2° les auteurs; 3° les imprimeurs; 4° les vendeurs, distributeurs ou afficheurs.

Art. 46.

Seront poursuivis, comme complices, les auteurs, quand il y aura gérants ou éditeurs en cause. Pourront l'être, au même titre et dans tous les cas, toutes personnes auxquelles l'article 60 du Code pénal pourrait s'appliquer. Ledit article ne pourra s'appliquer aux imprimeurs pour faits d'impression, ni aux vendeurs, distributeurs ou afficheurs pour faits de vente, distribution ou affichage, sauf dans le cas et les conditions prévus par l'article 6 de la loi du 6 juin 1848 sur les attroupements.

Art. 47.

Les propriétaires des journaux ou écrits périodiques seront civilement responsables des condamnations pécuniaires prononcées contre les personnes désignées dans les deux articles précédents.

Art. 48

Sont déférés :

1° A la cour d'assises, outre les provocations au crime suivies d'effet, les délits de provocation au crime non suivie d'effet, d'outrage envers la République, le Sénat ou la Chambre des députés, de nouvelles ou de pièces fausses, d'outrage aux bonnes mœurs, de diffamation ou d'injures envers les corps constitués ou les personnes revêtues d'un caractère public indiquées aux articles 34 et 35, de provocation aux militaires pour les détourner de leurs devoirs;

2° Aux tribunaux de police correctionnelle, outre les provocations au délit suivies d'effet, les délits d'outrage au Président de la République, aux Chefs d'États ou agents diplomatiques étrangers, de cris séditieux, de diffamation ou d'injure envers les particuliers, de lacération d'affiches dans les cas prévus par les § 2 et 4 de l'article 20, ainsi que toutes les infractions prévues et punies par les articles 5, 11, 12, 13, 14, 15, 17, 41, 42 et 43;

3° Aux tribunaux de simple police les contraventions prévues et punies par les articles 4, 20 § 1er et 3e, et 25.

Art. 49.

L'action civile résultant des délits d'outrage ou de diffamation prévus et punis par les articles 34 et 35, ne pourra, sauf dans le cas de décès de l'auteur du fait incriminé ou d'amnistie, être poursuivie séparément de l'action publique.

§ 2. — DE LA PROCÉDURE

A. — Cour d'assises.

Art. 50.

La poursuite des crimes et délits commis par la voie de la presse ou par tout autre moyen de publication aura lieu d'office et à la requête du ministère public, sous les modifications suivantes.

1° Le ministère public aura la faculté de saisir la cour d'assises par voie de citation directe.

2° Dans le cas d'outrage envers les Chambres, la poursuite n'aura lieu qu'avec leur autorisation.

3° Dans le cas d'injure ou de diffamation envers les cours, tribunaux et autres corps indiqués en l'article 34, la poursuite n'aura lieu que sur une délibération prise par eux, en assemblée générale, et requérant les poursuites, ou, si le corps n'a pas d'assemblée générale, sur la plainte du chef du corps ou du ministre duquel ce corps relève.

4° Dans le cas d'injures ou de diffamation envers un ou plusieurs membres de l'une ou l'autre Chambre, la poursuite n'aura lieu que sur la plainte du ou des membres intéressés.

5° Dans le cas d'injure ou de diffamation envers les fonctionnaires publics, les dépositaires ou agents de l'autorité publique autres que les ministres, envers les ministres des cultes salariés par l'État et les citoyens chargés d'un service ou d'un mandat public, la poursuite aura lieu, soit sur leur plainte, soit d'office, sur la plainte du ministre dont ils relèvent.

6° Dans le cas d'injure ou de diffamation envers un juré ou un témoin et envers les particuliers, la poursuite n'aura lieu que sur la plainte de la personne qui se prétendra outragée ou diffamée.

7° Dans le cas d'outrage envers les Chefs d'État ou agents diplomatiques étrangers, la poursuite aura lieu soit à leur requête, soit d'office, sur leur demande adressée au ministre des affaires étrangères et par celui-ci au ministre de la justice.

8° Dans les cas prévus par les §§ 4, 5 et 6 du présent article, le droit de citation directe devant la cour d'assises appartiendra à la partie lésée.

Sur sa requête, le président de la cour d'assises fixera les jour et heure auxquels l'affaire sera appelée.

Art. 51.

Si le ministère public requiert une information, il sera tenu, dans son réquisitoire, d'articuler et de qualifier les provocations, outrages, diffamations et injures à raison desquels la poursuite est intentée avec indication des textes dont l'application est demandée, à peine de nullité du réquisitoire et de ladite poursuite.

Art. 52.

Immédiatement après avoir reçu le réquisitoire, le juge d'instruction pourra ordonner la saisie des écrits, imprimés, placards, dessins, gravures, peintures, emblèmes et autres instruments de publicité, dans le cas seulement où le dépôt prescrit par les articles 5 et 12 de la présente loi n'a pas été effectué. Dans ce cas, la saisie de quatre exemplaires de l'écrit ou dix numéros du journal incriminé pourra être ordonnée. Ces dispositions sont communes au procureur de la République et au juge d'instruction.

Art. 53.

La citation contiendra l'indication précise des écrits, des imprimés, placards, dessins, gravures, peintures, médailles, emblèmes, des discours ou propos publiquement proférés qui seront l'objet de la poursuite, ainsi que la qualification des faits. Elle indiquera les textes de la loi invoqués à l'appui de la demande.

Si la citation est à la requête du plaignant,

elle portera, en outre, copie de l'ordonnance du président ; elle contiendra élection de domicile dans la ville où siège la cour d'assises, et sera notifiée tant au prévenu qu'au ministère public.

Toutes ces formalités seront observées à peine de nullité de la poursuite.

Art. 54.

Le délai entre la citation et la comparution en cour d'assises sera de cinq jours francs, outre un jour par cinq myriamètres de distance.

Art. 55.

En matière de diffamation, ce délai sera de douze jours, outre un jour par cinq myriamètres.

Quand le prévenu voudra être admis à prouver la vérité des faits diffamatoires, conformément aux dispositions des articles 34 et 35 de la présente loi, il devra, dans les cinq jours qui suivront la notification de la citation, faire signifier au ministère public près la cour d'assises ou au plaignant, au domicile par lui élu, suivant qu'il est assigné à la requête de l'un ou de l'autre :

1° Les faits articulés et qualifiés dans la citation, desquels il entend prouver la vérité ;

2° La copie des pièces ;

3° Les noms, professions et demeures des témoins par lesquels il entend faire sa preuve. Cette signification contiendra élection de domicile près la cour d'assises, le tout à peine d'être déchu du droit de faire la preuve.

Art. 56.

Dans les cinq jours suivants, le plaignant ou le ministère public, suivant les cas, sera tenu de faire signifier au prévenu, au domicile par lui élu, la copie des pièces et les noms, professions et demeures des témoins, par lesquels il entend faire la preuve contraire, sous peine d'être déchu de son droit.

Art. 57.

Toute demande en renvoi, pour quelque cause que ce soit, tout incident sur la procédure suivie devront être présentés avant l'appel des jurés, à peine de forclusion.

Art. 58.

Si le prévenu a été présent à l'appel des jurés, il ne pourra plus faire défaut, quand bien même il se fut retiré pendant le tirage au sort.

En conséquence, tout arrêt qui interviendra, soit sur la forme, soit sur le fond, sera définitif, quand bien même le prévenu se retirerait de l'audience ou refuserait de se défendre. Dans ce cas, il sera procédé avec le concours du jury et comme si le prévenu était présent.

Art. 59.

Si le prévenu ne comparaît pas au jour fixé par la citation, il sera jugé par défaut par la cour d'assises, sans assistance ni intervention des jurés.

La condamnation par défaut sera comme non-avenue si, dans les cinq jours de la signification qui en aura été faite au prévenu ou à son domicile, outre un jour par cinq myriamètres, celui-ci forme opposition à l'exécution de l'arrêt et notifie son opposition tant au ministère public qu'au plaignant. Toutefois, si la signification n'a pas été faite à personne, ou s'il ne résulte pas d'actes d'exécution de l'arrêt que le prévenu en a eu connaissance, l'opposition sera recevable jusqu'à l'expiration des délais de la prescription de la peine. L'opposition vaudra citation à la première audience utile. Les frais de l'expédition, de la signification de l'arrêt, de l'opposition et de la réassignation pourront être laissés à la charge du prévenu.

Art. 60.

Faute par le prévenu de former son opposition dans le délai de l'article 59 et de la signifier aux personnes indiquées par cet article, ou de comparaître par lui-même au jour fixé par l'article précédent, l'opposition sera réputée non avenue et l'arrêt par défaut sera définitif.

Art. 61.

En cas d'acquittement par le jury, s'il y a partie civile en cause, la cour ne pourra statuer que sur les dommages-intérêts réclamés par le prévenu. Ce dernier devra être renvoyé de la plainte sans dépens ni dommages-intérêts au profit du plaignant.

Art. 62.

Si, au moment où le ministère public ou le plaignant exerce son action, la session de la cour d'assises est terminée et s'il ne doit pas s'en ouvrir d'autre à une époque rapprochée, il pourra être formé une cour d'assises extraordinaires, par ordonnance motivée du premier président. Cette ordonnance prescrira le tirage au sort des jurés conformément à la loi.

L'article 81 du décret du 6 juillet 1810 sera applicable aux cours d'assises extraordinaires.

formées à l'exécution du paragraphe précédent.

B. — *Police correctionnelle et simple police.*

Art. 63.

La poursuite devant les tribunaux correctionnels et de simple police aura lieu conformément aux dispositions du chapitre II du titre Ier du livre II du Code d'instruction criminelle.

La citation précisera et qualifiera le fait incriminé ; elle indiquera le texte de loi applicable à la poursuite, le tout à peine de nullité *de la poursuite.*

C. — *Pourvois en cassation.*

Art. 64.

Le droit de se pourvoir en cassation appartiendra au prévenu et à la partie civile, quant aux dispositions relatives à ses intérêts civils. L'un et l'autre seront dispensés de consigner l'amende, et le prévenu de se mettre en état.

Art. 65.

Le pourvoi devra être formé dans les trois jours au greffe de la cour ou du tribunal qui aura rendu la décision. Dans les vingt-quatre heures qui suivront, les pièces seront envoyées à la cour de cassation, qui jugera d'urgence, dans les dix jours à partir de leur réception.

§ 3. — RÉCIDIVE, CIRCONSTANCES ATTÉNUANTES, PRESCRIPTION

Art. 66.

En cas de récidive des crimes et délits prévus et punis par la présente loi, l'aggravation de peines prononcée par le chapitre IV, livre Ier du Code pénal, ne sera pas obligatoire.

Art. 67.

L'article 463 du Code pénal est applicable dans tous les cas prévus par la présente loi.

Lorsqu'il y aura lieu de faire cette application, la peine prononcée ne pourra excéder la moitié de celle édictée par la loi.

Art. 68.

Les délits et contraventions prévus par la présente loi se prescriront après trois mois révolus, à compter du jour où ils auront été commis, ou du jour du dernier acte de poursuite, s'il n'en a été fait aucun.

Néanmoins, dans le cas d'offense envers les Chambres, le délai ne courra pas dans l'intervalle des sessions et des prorogations.

Les prescriptions commencées à l'époque de la publication de la présente loi, et pour lesquelles il faudrait encore, suivant les lois existantes, plus de trois mois à compter de la même époque, seront, par ce laps de trois mois, définitivement accomplies.

Dispositions transitoires

Art. 69.

Les gérants et propriétaires de journaux existants au jour de la promulgation de la présente loi seront tenus de se conformer, dans un délai de quinzaine, aux prescriptions édictées par les articles 9 et 10, sous peine de tomber sous l'application de l'article 11.

Art. 70.

Le montant des cautionnements versés par les journaux ou écrits périodiques, actuellement soumis à cette obligation, sera remboursé à chacun d'eux, par le Trésor public, dans un délai de............., à partir du jour de la promulgation de la présente loi, sans préjudice des retenues qui pourront être effectuées au profit de l'État et des particuliers, pour les condamnations à l'amende et les réparations civiles auxquelles il n'aura pas été autrement satisfait à l'époque du remboursement.

TABLE

Paris. — Imprimerie A. WITTERSHEIM et Cᵉ quai Voltaire, 31.

9 782329 415093